Cuisiner avec le sirop d'érable du Québec
Anne Fortin

Conception et direction de la publication : Anne Fortin
Librairie Gourmande, Marché Jean-Talon, Montréal
www.librairiegourmande.ca
Collaboration : Les Créatifs de l'Érable – www.laroutedelerable.ca
Chef et stylisme culinaire : Céline Comeau
Photographies (sauf mention) : Dominique Lafond - www.dominiquelafond.com
Photographies pages 36, 37, 50 : Albert Elbilia – www.elbilia.com
Photographie page 14 : BAnQ - Québec, Omer Beaudoin (1948)
Photographie page 16 : BAnQ - Montréal, Joseph Guibord (1958)
Photographie page 17 : BAnQ - Montréal, Gilbert Fournier (1954)
Photographie page 124 : BAnQ - Québec, J.W. Michaud (1948)
Illustration page 22 : *L'érable orgueil du Québec* / Citadelle (date inconnue)
Conception graphique : Groupe Oracio Design inc.
Suzanne Fortin, Gabrielle Lecomte, Claude Pocetti
Révision et correction d'épreuves : Rachel Fontaine, Simon Laplante

Direction éditoriale : Antoine Ross Trempe

Catalogage :
1. Sirop d'érable 2. Cuisine 3. Tourisme gastronomique 4. Fortin, Anne

Nous reconnaissons avoir reçu l'aide financière du gouvernement du Canada par l'entremise du Fonds du livre du Canada (FLC) pour nos activités d'édition ainsi que l'aide du gouvernement du Québec - Programme de crédits d'impôts pour l'édition de livres et Programme d'aide à l'édition et à la promotion - Gestion SODEC.

ISBN : 978-2-920943-98-8

Dépôt légal : 2010
Bibliothèque et Archives du Québec
Bibliothèque et Archives Canada

www.editions-cardinal.ca

Tous les plats photographiés dans ce livre sont présentés tels que cuisinés (frais) et ont été dégustés avec plaisir par l'équipe.

Imprimé au Canada

CUISINER AVEC **LE SIROP D’ÉRABLE** DU QUÉBEC

PRÉFACE

Anne Fortin se passionne pour tout ce qui touche à la cuisine, et particulièrement pour les livres gourmands qu'elle dévore avec un appétit insatiable.

Cette fois, fascinée par l'arbre à sucre, elle nous en livre les secrets dans *Cuisiner avec le sirop d'érable du Québec*. L'érable chez nous, tout comme l'olivier dans le bassin de la Méditerranée, devient sous sa plume « l'arbre sacré », celui tant envié et copié, mais jamais égalé.

De son bois, on se chauffe, de son jus devenu sirop, sucre, tire, ou beurre, on se régale, découvrant les plaisirs ludiques de la table et du sucré qu'Anne sait si bien nous faire partager, grâce à ses amis chefs et leurs recettes qui nous font saliver de bonheur.

En valorisant ce grand produit du monde qu'est l'érable, en l'apprivoisant et le cuisinant à sa juste valeur, elle démontre par l'hommage, le travail effectué au fil du temps par les producteurs acéricoles du Québec, et avive le grand intérêt que suscite ce produit unique au monde.

Voici un ouvrage riche en couleurs, en saveurs, et en découvertes goûteuses, qui se retrouvera parmi la multitude de livres que la gourmande libraire saura nous faire apprécier dans sa boutique du Marché Jean-Talon.

De l'arbre à l'assiette, juste quelques feuilles ou gouttes de sirop nous préparent pour que ce livre demeure : un bonbon sucré qui se nomme érable, pour le plaisir des sens.

Philippe Mollé, chroniqueur gastronomique, ami de l'érable

INTRODUCTION

Le Québec est le plus grand territoire d'érable à sucre du monde. Le sirop d'érable nous distingue, il s'inscrit dans notre histoire, nos traditions, notre culture. Le voici à l'honneur dans cet ouvrage abondamment illustré, à travers une cuisine fidèle à nos racines d'une part, mais aussi librement interprétée par des cuisiniers créatifs.

On ne pouvait passer sous silence l'expérience d'un vrai repas traditionnel, en présentant quelques recettes centenaires qui font maintenant partie du patrimoine culinaire des Québécois, autant de plats qui éveillent le souvenir joyeux des festivités printanières à la cabane.

Mais je voulais particulièrement présenter des recettes originales et inspirantes de chefs qui, aujourd'hui, innovent et savent mettre en valeur cet or ambré dont le délicat parfum est inimitable. Recettes d'amis-cuisiniers, glaciers, chocolatiers du Marché Jean-Talon, recettes de membres des Créatifs de l'érable, avec qui j'ai eu le bonheur de travailler pour la réalisation de ce livre, mais aussi recettes de ma mère, qui a su faire le pont entre la tradition et l'innovation.

Anne Fortin

SOMMAIRE

POISSONS

POUR LES P'TITS BECS SUCRÉS

À BOIRE

UN RITE SACRÉ

L'HISTOIRE DES PRODUITS DE L'ÉRABLE se lit à travers l'évocation d'une tâche saisonnière ardue. Les Amérindiens, qui ne connaissaient pas le métal, savaient pourtant que, sous l'action du soleil ou par un contact avec des surfaces chaudes, la sève de l'érable livrait ses réserves de sucre. Certains lui donnaient deux ou trois «bouillons» dans des contenants d'argile. Le gel à répétition fournissait aussi une matière onctueuse proche de la tire.

Quand les Français débarquent, au début du 17e siècle, la sève, une eau douceâtre et désaltérante, est le seul produit de l'érable qu'ils connaissent. Elle impressionne Pierre Boucher, futur seigneur de Boucherville, qui écrit, en 1644, qu'une fois entaillés, les érables laissent dégoutter « quantité d'eau qui est plus douce que de l'eau détrempée dans du sucre; du moins plus agréable à boire ». Une quarantaine d'années plus tard, le baron de La Hontan observe et goûte la sève dont il affirme qu'« il n'y a point de limonade, ni d'eau de cerise qui ait si bon goût, ni de breuvage au monde qui soit si salutaire ».

Revenant un peu plus tard sur le sujet, il confirme que les Amérindiens sont encore les seuls à exploiter l'érable à sucre dont ils tirent alors un sirop et un sucre déjà réputés pour leurs propriétés curatives. Constatant cela, La Hontan suggère aux Canadiens de s'y mettre : « Tel habitant, en Canada pourrait ramasser vingt barriques du matin au soir, s'il voulait entailler tous les érables de son habitation. Cette coupe ne porte aucun dommage à l'arbre. On fait de cette sève du sirop et du sucre si précieux qu'on n'a jamais trouvé de remède plus propre à fortifier la poitrine. » Mais il parle dans le désert souligne-t-il, « Peu de gens ont la patience d'en faire, car comme on n'estima jamais les choses communes et ordinaires, il n'y a guère que les enfants qui se donnent la peine d'entailler ces arbres ».

Venu visiter la Nouvelle-France en 1685, le botaniste Michel Sarrasin, membre de l'Académie des Sciences, aurait été le premier Français à faire bouillir la sève qui « court dans les tuyaux de l'érable» et à étudier les proportions de sucre qu'il est possible d'en tirer. On ignore si le savant a influencé les

habitants du pays, mais une quinzaine d'années plus tard, on produit du sucre d'érable dans la plupart des régions habitées. Les habitants profitent d'un revenu d'appoint et, sans l'avoir prémédité, ils provoquent la réduction des importations de sucre des Antilles.

À Montréal seulement, les fermiers produisent, pour eux-mêmes ou pour les marchés publics, plus de 30 000 livres de sucre d'érable par printemps. En 1712, un visiteur note que la région montréalaise est également approvisionnée par les Huronnes du nord de l'île qui en font le commerce. Le baron de La Hontan soulignait que la sève et le sucre soulagent les maux de gorge et la plupart des malaises secondaires. Ce pouvoir du sucre, réel ou supposé, devait le rendre populaire en France où, encore au 21e siècle, on continue d'y croire. On en casse un petit morceau que l'on fait fondre dans une pinte d'eau bouillie et la guérison s'ensuit! Les livres de compte des hôpitaux témoignent d'ailleurs d'une importante consommation de sucre d'érable, tant en cuisine que dans la pharmacopée.

Quels produits de l'érable commercialise-t-on avant le 20e siècle ? On ne vend pas la sève, trop précieuse et si rapidement corrompue. On vend du sucre qui se transporte et se conserve bien. On légifère d'ailleurs à son propos, car des producteurs n'hésitent pas à tricher pour en augmenter le poids et le volume. Le sirop surit et se cristallise rapidement. Il est donc disponible au printemps, les sucriers le réservant à la famille, aux amis et aux connaissances. Il faudra attendre l'introduction des boîtes de conserve, peu avant 1900, pour que la production de sirop d'érable s'intensifie et qu'on puisse le distribuer sans craindre qu'il ne se gâte.

La vogue du sucre d'érable n'en constitue pas moins une véritable bénédiction puisqu'elle permet à l'agriculteur d'augmenter ses revenus pendant une saison où il ne peut rien récolter d'autre. La transformation de la sève exige la migration saisonnière de l'agriculteur vers l'intérieur de son érablière où la cabane est construite. Si ses fils sont jeunes ou s'il n'en a aucun, il y vivra seul pendant tout le temps des sucres, c'est-à-dire tant et aussi longtemps que les érables couleront. En prévision de la coulée, il a entaillé et ajusté les

chalumeaux dans la chair de l'arbre et suspendu les seaux. La sève n'attend le bon vouloir de personne pour couler, et gare au sucrier qui dort. Pour la récolter, il va d'arbre en arbre. S'il est pauvre, il porte un joug et deux grands seaux, et il amorce un va-et-vient entre l'érablière et la cabane à sucre. S'il possède un cheval et un traîneau, sa tâche sera moindre. La bouilloire dans laquelle la sève s'évapore lentement ne connaît pas de repos non plus. Le feu doit être constant, les bouillons réguliers. Le sucrier travaille dur. La récompense vient vers la mi-carême quand la famille monte le rejoindre pour lui donner un coup de main. L'événement revêt une telle importance dans le succès de la saison du sucrier que ces familles ont été autorisées à briser le jeûne du carême.

Le regroupement familial à la cabane de l'érablière oblige la mère et ses filles à tirer profit des vivres « transportables » dont la liste est courte : sucre, farine, lait, beurre, œufs, pommes de terre, lard et viande de porc salés. L'installation précaire impose des limites à l'imagination des cuisinières. Ainsi, sur le petit poêle on ne cuit qu'à la poêle: des crêpes, des omelettes, de la viande qui se conserve longtemps, c'est-à-dire du jambon et du lard. Les pommes de terre sont enfouies dans la cendre, à côté du contenant d'argile où, dans de l'eau d'érable, mijotent les fèves et le lard.

Au 20e siècle, la nostalgie des fils d'agriculteurs qui ont migré vers les villes les ramène vers la cabane du père ou d'un parent pour participer à la corvée des sucres. Un beau dimanche du printemps, ils sont rejoints par leurs enfants et d'autres membres de leur famille venus pour la partie de sucre que couronnait la tire, cet incomparable joyau doré.

C'est vers 1950 que certains propriétaires de cabane à sucre ont intégré la restauration à menu unique et l'accueil du public à leurs activités saisonnières. En accueillant une clientèle payante appelée à s'accroître considérablement, ils ont créé le modèle de la cabane à sucre commerciale et permis au rite sacré de la visite annuelle à la sucrerie de survivre.

Hélène-Andrée Bizier, Historienne et auteure

MENU DE LA CABANE À SUCRE

POUR ACCUEILLIR ET CÉLÉBRER LE PRINTEMPS

On retrouve environ 7 500 érablières et fermes acéricoles dispersées dans toutes les régions du Québec qui sont en action, de la mi-mars à la fin avril.

La température doit descendre sous zéro la nuit et s'élever de quelques degrés au-dessus le jour, afin de permettre des journées d'abondante coulée.

On devine l'allégresse de la première goutte de sève d'érable au bord de l'entaille qui annonce la fin des grands froids. Car au Québec, le printemps arrive avec la traditionnelle et toujours joyeuse partie de sucre. Les chansons et l'accordéon rythment la journée, et on y fait bombance à la mode d'autrefois. Au menu : le jambon, les œufs dans le sirop, les oreilles de crisse...

De nos jours, les produits de l'érable se dégustent en toute saison grâce à sa facile conservation et ça, pour notre plus grand bonheur.

LES OREILLES DE CRISSE

Il y a quelques variantes pour la fabrication des oreilles de crisse, mais la recette traditionnelle, celle qu'on retrouve à la cabane est fort simple. Il faut 500 g (1 lb) de lard salé (barde de porc) avec couenne en tranches de 1,5 cm (1/2 po). Faire bouillir ces tranches 5 minutes afin de les dessaler. Égoutter. Faire rôtir dans une poêle en fonte à feu moyen jusqu'à ce que les oreilles soient très croustillantes. Éponger sur du papier essuie-tout pour éliminer l'excès de gras.

TIRE SUR LA NEIGE

On se délecte de tire d'érable, le summum de la transformation de l'eau d'érable. À l'extérieur, dans des bacs de neige, on étend le sirop qui a bouilli. Au contact de la neige, ce sirop durcit pour devenir une onctueuse tire.

Pour les vrais amateurs, voici une façon de reproduire « la tire sur la neige ».

1 boîte (540 ml) de sirop d'érable
Un bac de neige ou de glace concassée

Verser le sirop dans une grande casserole à fond épais. Porter à ébullition et laisser mijoter jusqu'à ce que le thermomètre à bonbons indique entre 230 et 234 °F (110 et 112 °C), soit une vingtaine de minutes. Soyez vigilant, car le sirop ainsi chauffé risque de déborder. Ne jamais remuer le sirop pendant et après la cuisson, il pourrait se cristalliser. Retirer du feu une fois la température atteinte.

Remplir un récipient de neige ou de glace concassée et y étaler en rubans le sirop chaud. Lorsqu'il fige, la tire est prête. Voici le moment de la dégustation : enrouler cette tire autour d'un bâtonnet.

Tire sur neige

TARTINE AU SUCRE DU PAYS

180 ml (3/4 tasse) de crème 35 %
4 tranches de pain de campagne
60 ml (1/4 tasse) de sirop d'érable
60 ml (1/4 tasse) de sucre d'érable granulé

Dans un bol, fouetter la crème jusqu'à léger épaississement mais qui coule bien. Recouvrir les tranches de pain de cette crème, napper de sirop d'érable et saupoudrer de sucre d'érable. Un pur délice !

ŒUFS DANS LE SIROP

500 ml (2 tasses) de sirop d'érable
6 œufs

Dans une casserole moyenne, porter le sirop à ébullition. Diminuer le feu et cuire quelques minutes jusqu'à léger épaississement.

ŒUFS POCHÉS : Dans un petit bol, casser un œuf à la fois et le glisser dans le sirop frémissant. Répéter l'opération avec les autres œufs. Laisser cuire de 2 à 3 minutes pour obtenir des œufs mollets. Servir avec un peu de sirop de cuisson.

ŒUFS BROUILLÉS : Dans un bol, battre les œufs à l'aide d'une fourchette. Verser les œufs dans le sirop frémissant. Lorsque les œufs commencent à coaguler, remuer délicatement avec une fourchette afin de permettre une cuisson uniforme.

Servir chauds avec du pain de campagne et du jambon.

OMELETTE DE LA CABANE AU SIROP D'ÉRABLE

6 gros œufs
60 ml (1/4 tasse) de sirop d'érable
125 ml (1/2 tasse) de crème 15 %
2 c. à soupe de beurre
Sirop d'érable

Dans un bol, fouetter les œufs. Incorporer le sirop d'érable, la crème et battre jusqu'à homogénéité. Réserver. Dans une grande poêle antiadhésive, faire fondre le beurre à feu moyen. Verser la préparation, couvrir et cuire l'omelette une dizaine de minutes. Deux minutes avant la fin de la cuisson, garnir d'un filet de sirop d'érable.

CRÊPES DORÉES

Plus grosses, plus minces, de style pancakes ou gaufres, on aime les crêpes particulièrement au petit-déjeuner.

2 œufs
250 ml (1 tasse) de lait
250 ml (1 tasse) de farine
1 pincée de sel
2 c. à soupe de beurre fondu
Beurre pour la cuisson
Petits fruits : fraise, bleuet, framboise
Sirop d'érable

Dans un bol, fouetter les œufs et le lait. Ajouter graduellement la farine, le sel et battre jusqu'à l'obtention d'une pâte lisse. Ajouter le beurre fondu et laisser reposer 30 minutes. Chauffer une poêle en fonte à feu moyen. Faire fondre une noix de beurre et verser assez de pâte pour en couvrir le fond. Cuire 2 à 3 minutes de chaque côté.

Ajouter quelques petits fruits, et servir avec du sirop d'érable, beaucoup de sirop d'érable !

GRANDS-PÈRES AU SIROP D'ÉRABLE

Les *Grands-pères au sirop d'érable* ont délicieusement traversé les générations. C'est un dessert très particulier où l'érable se savoure chaud accompagné d'une pâte moelleuse elle-même gorgée d'érable. Le sirop doit être bouillant au moment où on commence la *détrempe*, car la pâte ne doit pas attendre. Attention au possible débordement durant la cuisson : une grande marmite est requise.

500 ml (2 tasses) de sirop d'érable
250 ml (1 tasse) d'eau
500 ml (2 tasses) de farine
4 c. à thé de levure chimique (poudre à pâte)
1 pincée de sel
2 œufs battus
125 ml (1/2 de tasse) de lait

Dans une marmite haute munie d'un couvercle, porter le sirop d'érable et l'eau à ébullition. Dans un bol, mélanger la farine, la levure chimique et le sel. Ajouter les œufs et le lait, et mélanger jusqu'à consistance homogène; cette pâte sera épaisse. Former des boules d'environ 5 cm (2 po) de diamètre et les déposer dans le sirop bouillant. Couvrir et laisser mijoter à feu doux 12 à 15 minutes; à mi-cuisson, retourner les boules avec une cuillère. Servir avec le sirop de cuisson.

JAMBON DE LA CABANE

Une recette classique et traditionnelle pour déguster le jambon ; le morceau est tendre et la saveur d'érable discrète. Dans certaines cabanes à sucre, on le cuit dans l'eau d'érable, ce qui lui confère un goût unique.

1 jambon avec l'os, de 3,5 kg (7 lb)
1 oignon en quartiers
2 carottes en tronçons
1 litre (4 tasses) d'eau froide
5 clous de girofle
1 feuille de laurier
125 ml (1/2 tasse) de sirop d'érable
1 c. à soupe de moutarde sèche

Dans une grande marmite, déposer le jambon, l'oignon et les carottes. Couvrir d'eau froide et porter à ébullition. Réduire le feu et laisser mijoter 30 minutes. Laisser le jambon refroidir dans son bouillon. Retirer le jambon, le piquer de clous de girofle et le badigeonner d'un mélange de sirop d'érable et de moutarde. Déposer le jambon sur une lèchefrite. Cuire au four à 160 °C (325 °F), environ 2 h 30 en arrosant de temps en temps.

FÈVES AU LARD AU SIROP D'ÉRABLE

Les fèves au lard rappellent l'ambiance typiquement québécoise du Temps des sucres. Traditionnellement les fèves au lard, qu'on appelle *beans*, cuisent toute la nuit et accompagnent le repas copieux de la cabane.

500 ml (2 tasses) de haricots blancs
1,25 litre (environ 5 tasses) d'eau froide
250 g (1/2 lb) de lard salé tranché
2 oignons en quartiers
125 ml (1/2 tasse) de sucre d'érable râpé
60 ml (1/4 tasse) de mélasse
1 c. à soupe de moutarde sèche
Sel et poivre au goût

Trier et rincer les haricots. Couvrir d'eau froide et laisser tremper 12 heures. Porter à ébullition et laisser mijoter 45 minutes. Préchauffer le four à 120 °C (250 °F). Déposer les fèves et leur eau dans une jarre de grès ou une cocotte à fond épais. Ajouter tous les ingrédients, couvrir et cuire 7 à 8 heures. S'assurer pendant la cuisson que le liquide recouvre bien les haricots; au besoin, ajouter un peu d'eau.

POUDING AU PAIN TRADITIONNEL

2 œufs battus
375 ml (1 1/2 tasse) de lait
125 ml (1/2 tasse) de sirop d'érable
3 tasses de pain rassis en cubes
2 c. à soupe de beurre

Préchauffer le four à 180 °C (350 °F).

Fouetter les œufs, le lait et le sirop d'érable. Ajouter le pain et laisser imbiber quelques minutes. Verser dans un moule beurré carré de 23 cm (9 po) et parsemer de noisettes de beurre. Cuire au four 45 minutes ou jusqu'à ce que le mélange soit doré.

POUDING CHÔMEUR À L'ÉRABLE

Si le terme pudding, (qui est devenu pouding au fil des ans) est associé à la cuisine anglaise du 19e siècle, le terme chômeur renvoie à la Grande dépression de 1929. Peu de gras, beaucoup de sucre, le pouding chômeur fut, pendant cette période de disette, un dessert réconfortant.

Nous vous proposons deux versions quelque peu différentes mais tout aussi succulentes.

POUR LES CHÔMEURS

250 ml (1 tasse) de farine
1 c. à soupe de levure chimique (poudre à pâte)
1 pincée de sel
1 c. à soupe de graisse végétale
125 ml (1/2 tasse) de sucre
1 œuf battu
125 ml (1/2 tasse) de lait

LA SAUCE

500 ml (2 tasses) de sirop d'érable
180 ml (3/4 tasse) d'eau

PAS POUR LES CHÔMEURS

375 ml (1 1/2 tasse) de farine
1 c. à soupe de levure chimique (poudre à pâte)
1 pincée de sel
80 ml (1/3 tasse) de beurre ramolli
80 ml (1/3 tasse) de sucre
1 œuf battu
80 ml (1/3 tasse) de lait

LA SAUCE

375 ml (1 1/2 tasse) de sirop d'érable
375 ml (1 1/2 tasse) de crème 35%

Préchauffer le four à 190 °C (375 °F).

SAUCE : Dans une casserole, faire mijoter le sirop d'érable et la crème 3 minutes (ou l'eau, c'est selon !) et réserver au chaud. Dans un bol, mélanger la farine, la levure chimique et le sel. Réserver.

Dans un autre bol, fouetter le beurre (ou la graisse) et le sucre jusqu'à consistance mousseuse, ajouter l'œuf et fouetter encore 1 minute. Incorporer les ingrédients secs en alternance avec le lait et mélanger jusqu'à consistance homogène : la pâte sera dense. Étendre la pâte dans un moule carré de 23 x 23 cm (9 x 9 po) préalablement beurré et verser doucement la préparation au sirop d'érable par-dessus. Cuire au four environ 30 minutes. Servir chaud.

LES MOTS SUCRÉS

Le vocabulaire des sucres est singulier. Semblable à celui du vin ou du chocolat, il identifie les objets et les étapes se rapportant aux plaisirs de l'érable. Voici quelques exemples d'une terminologie qui n'a plus nécessairement cours aujourd'hui, mais qui rappellent des souvenirs encore bien vivants.

Aller aux sucres : Visiter une sucrerie durant la période de la fabrication du sirop d'érable.

Battée : Sirop ou sucre que le sucrier fabrique en une seule cuisson.

Bouillage : Action de faire bouillir la sève pour enlever l'eau par évaporation.

Bouilleuse : Évaporateur primitif pris dans son ensemble, c'est-à-dire la panne et le feu.

Brassin : Sucre granuleux que l'on brasse pour le faire prendre avant de le mouler.

Chaise de lâche : Grande chaise dont le fond est fait d'un vieux sac de jute et dans laquelle on s'étend lorsqu'on fait bouillir durant la nuit.

Coup d'eau : Augmentation soudaine et de courte durée de l'écoulement de la sève. Il y a quatre coups d'eau distincts : le coup du dégel; le coup de la rivière; le coup de la Semaine Sainte; le coup de la Saint-Marc. Un dicton populaire prétend qu'on ne dépasse jamais quatre coups d'eau dans une saison de sucre.

Lichette : Petite bouchée de tire sur la neige. « Verse encore de la tire, il ne reste que des lichettes. »

Manquart : Bloc de sucre moulé dans un contenant de bois ou de fer-blanc. Il varie de une livre à dix livres et les blocs sont empilés dans des coffres de bois mou que l'on descend maintenant à la maison à la fin des sucres, mais que l'on laissait jadis à la cabane le reste de l'année.

Mokuk : Nom que les Autochtones donnaient au récipient d'écorce de bouleau placé au pied de l'arbre pour recueillir la sève. De tels contenants étaient également utilisés jadis pour mouler et conserver le sucre d'érable.

Nombrils : Gros bouillons à la surface quand le sirop devient tire ou sirop d'érable.

Pignoche : Petit cornet de sucre moulé dans une écorce de bouleau roulée et fermée par des chevilles de bois.

Râche : Résidu de matières minérales se déposant au fond de la casserole lors du bouillage ou dans le couloir lors du coulage du sirop. Synonyme : sable de sucre.

Rempli : Quantité d'eau d'érable que l'on transvide dans un grand récipient ayant le même volume que la bouilleuse. Le récipient prend aussi le nom de rempli.

Ce vocabulaire est issu du livre *Le temps des sucres*, Éditions GID, 2004, de l'ethnologue Jean-Claude Dupont, avec la permission de l'auteur.

LES OUTILS ET LES USTENSILES

Andouille : Petite planchette de bois ou lame en fer-blanc que l'on enfonce dans l'écorce des érables permettant à la sève de s'écouler dans le récipient placé au-dessous.

Canisse : Gros bidon ou baril dans lequel on coulait le sirop au sortir de l'évaporateur.

Micouenne : Grosse cuillère en bois pour mouler le sucre.

Palette à l'œil : Palette de bois franc percée d'un trou au centre et servant à vérifier le degré de cuisson du sucre. Après avoir plongé la palette dans le liquide, le sucrier souffle de l'air dans l'œil. S'il s'en échappe une bulle qui éclate et dont les fragments sèchent en tombant, le sucre doit être retiré du feu.

Patte-de-poule : Spatule de bois avec deux doigts pour remuer le sirop.

Picot : Moule à sucre en écorce.

Trempeuse : Petite pelle creuse de bois de bouleau ou de fer-blanc utilisée pour remplir les moules à sucre.

FRUITS ET LÉGUMES

La saison des fraises marque le début des grandes vacances scolaires. Un pur plaisir que de partir à la cueillette de ces p'tits fruits, qu'on déguste, encore tièdes, avec de la crème fraîche.

En fin de saison, au moment de l'abondance, il est de mise de conserver cette saveur d'été accompagnée de rhubarbe et de sirop d'érable.

FRAISES À LA QUÉBÉCOISE

250 ml (1 tasse) de fraises fraîchement cueillies et équeutées
3 c. à soupe de sirop d'érable
3 c. à soupe de crème 35 %
1 c. à soupe de sucre d'érable

Déposer les fraises dans une coupe. Recouvrir de crème et arroser avec le sirop d'érable. Saupoudrer de sucre d'érable. Simple mais tellement savoureux !

COMPOTE DE FRAISES ET DE RHUBARBE

500 ml (2 tasses) de fraises coupées en deux
250 ml (1 tasse) de rhubarbe en tronçons
125 ml (1/2 tasse) de sucre d'érable
125 ml (1/2 tasse) de sucre

Dans une casserole, laisser macérer les ingrédients 30 minutes. Cuire à feu moyen 30 minutes. Cette compote peut se conserver 3 ou 4 semaines au réfrigérateur.

En mai, alors que les érables ont laissé tomber leurs dernières gouttes d'or, les pommiers en fleurs sont un heureux présage d'une récolte abondante. Ce fruit est toujours très présent dans notre cuisine de tous les jours. Ainsi, les saveurs de pomme et érable s'harmonisent à merveille.

POUDING AUX POMMES À L'ÉRABLE

Comédienne adorée du public à la fin des années 60, **Juliette Huot** a participé aux premières émissions de cuisine à la télé québécoise et a publié de nombreux livres de recettes dont *Mes meilleures recettes aux pommes* aux Éditions La Presse en 1972. Voici sa recette de **Pouding aux pommes à l'érable**.

4 ou 5 pommes pelées émincées
180 ml (3/4 tasse) de sirop d'érable
2 œufs
60 ml (1/4 tasse) de sucre
2 c. à soupe de beurre fondu
250 ml (1 tasse) de farine
1 c. à thé de levure chimique (poudre à pâte)
1 pincée de sel
3 c. à soupe de lait

Préchauffer le four à 180 °C (350 °F).

Dans une poêle, cuire les pommes et le sirop quelques minutes et déposer dans un moule de 23 x 23 cm (9 x 9 po) allant au four. Dans un bol, fouetter les œufs, le sucre et le beurre. Mélanger la farine, la levure chimique et le sel. Incorporer au précédent mélange en alternant avec le lait. Verser le tout sur les pommes. Cuire de 20 à 25 minutes.

POMMES AU FOUR

Un plat simple mais réconfortant qui peut se manger autant en collation qu'en dessert.

4 grosses pommes
2 c. à soupe de beurre
4 c. à thé de sucre d'érable
2 c. à soupe de raisins secs
I pincée de cannelle moulue

Préchauffer le four à 180 °C (350 °F).

Dans un bol, mélanger le beurre, le sucre d'érable, les raisins et la cannelle. Retirer le chapeau et évider les pommes sans les traverser complètement. Après les avoir déposées dans un moule, y répartir ce mélange au centre de chaque pomme. Cuire au four de 12 à 15 minutes ou jusqu'à ce qu'elles soient tendres.

TATIN DE POMMES AU CARAMEL D'ÉRABLE

Voici le grand succès de mon amie Ginette, une tarte tatin aux franches saveurs d'érable. Pour se simplifier la tâche, on peut utiliser de la pâte à tarte du commerce.

1 kg (2,5 lb) de pommes Cortland
125 ml (1/2 tasse) de beurre
125 ml (1/2 tasse) de sucre d'érable
125 ml (1/2 tasse) de sirop d'érable
Une abaisse de pâte brisée ou feuilletée

Préchauffer le four à 180 °C (350 °F).

Peler les pommes, les couper en deux et retirer les pépins. Dans une poêle à haut bord de 23 cm (9 po) de diamètre, faire fondre le beurre, ajouter le sucre d'érable et laisser caraméliser à feu modéré. Bien surveiller pour ne pas faire brûler ce caramel. Ajouter le sirop d'érable et laisser réduire 2 minutes. Sur ce caramel, placer les pommes bien alignées verticalement et de façon serrée. Continuer la cuisson une vingtaine de minutes, ainsi les pommes seront bien imprégnées du caramel. Pendant ce temps, abaisser la pâte. En recouvrir les pommes et bien les enrober en rentrant les bords à l'intérieur du moule. Enfourner et cuire 25 minutes ou jusqu'à ce que la pâte soit bien dorée. Retirer du four et laisser tiédir avant de démouler. Pour démouler, réchauffer la tarte, puis retourner et servir !

CHUTNEY AUX POMMES, CANNEBERGES ET ÉRABLE

125 ml (1/2 tasse) de vinaigre de cidre
125 ml (1/2 tasse) de jus de pomme
250 ml (1 tasse) de canneberges séchées
500 ml (2 tasses) de canneberges fraîches ou congelées
2 pommes coupées en petits dés
125 ml (1/2 tasse) de sirop d'érable
Le zeste et le jus d'un citron
1/2 c. à thé de quatre-épices
1 c. à thé de sel

Dans une casserole, chauffer à feu moyen le vinaigre et le jus. Ajouter les canneberges séchées et laisser reposer 30 minutes. Ajouter le reste des ingrédients, porter à ébullition et cuire à feu moyen environ 45 minutes en remuant à quelques reprises. Laisser tiédir.

Ce chutney est délicieux avec les volailles, le gibier et les fromages.

LÉGUMES RACINES BRAISÉS À L'ÉRABLE

À la recherche d'un légume d'accompagnement coloré pour compléter votre menu ? Essayez ces différents légumes braisés qui se préparent en un tournemain.

4 carottes
4 panais
2 rabioles
1 oignon coupé en quartiers
2 c. à soupe de sirop d'érable
3 c. à soupe d'huile d'olive
Au goût : graines de coriandre ou de cumin écrasées au mortier
2 branches de thym
Sel et poivre

Préchauffer le four à 220 °C (435 °F).

Peler les légumes et les couper dans le sens de la longueur en uniformisant les coupes. Dans un bol, mélanger le sirop, l'huile, les épices et le thym. Ajouter les légumes et bien les enrober. Étaler sur une plaque recouverte d'un papier parchemin (pour éviter la corvée de nettoyage). Cuire au four environ 25 minutes en les retournant à mi-cuisson.

CARRÉS FEUILLETÉS AUX OIGNONS CARAMÉLISÉS

En cuisson, les oignons dégagent une saveur sucrée. Le sirop d'érable apporte un surprenant goût boisé à ces oignons caramélisés.

4 oignons jaunes émincés
2 c. à soupe d'huile d'olive
2 c. à soupe de sirop d'érable
60 ml (1/4 tasse) de noix de pin rôties
1 c. à thé de graines de cumin écrasées
Sel et poivre du moulin
1 abaisse de pâte feuilletée

Préchauffer le four à 190 °C (375 °F).

Dans une poêle, faire suer les oignons dans l'huile d'olive. Ajouter le sirop d'érable et laisser caraméliser. Ajouter les noix de pin, les graines de cumin et assaisonner. Étaler la pâte feuilletée sur une plaque tapissée de papier parchemin. Recouvrir de fondue d'oignons et cuire au four 20 minutes.

QUINOA AUX CHAMPIGNONS À L'ARÔME D'ÉRABLE

Originaire d'Amérique du Sud et grain sacré des Incas, le quinoa est cultivé depuis des milliers d'années. Récemment apparu dans notre alimentation, il offre un très grand avantage pour les personnes intolérantes au gluten, car il en est exempt.

250 ml (1 tasse) de quinoa blanc et/ou rouge
500 ml (2 tasses) de bouillon
375 ml (1 1/2 tasse) de champignons frais, coupés en quatre
2 c. à soupe de beurre
3 c. à soupe de sirop d'érable
3 c. à soupe de noix hachées grossièrement
8 oignons verts émincés
1 c. à soupe de vinaigre balsamique
Sel et poivre du moulin

Bien rincer le quinoa jusqu'à ce que l'eau soit claire. Dans une casserole, porter à ébullition le quinoa et le bouillon; laisser mijoter 20 minutes ou jusqu'à absorption complète du liquide. Réserver. Dans une poêle, faire revenir les champignons dans le beurre, ajouter le sirop d'érable et le reste des ingrédients. Cuire 5 minutes et incorporer le quinoa. Peut se manger seul ou en accompagnement de viande blanche ou de poisson.

PURÉE DE COURGE POIVRÉE

1 courge poivrée
2 c. à soupe de sirop d'érable
3 c. à soupe de beurre
Une pincée de gingembre moulu
Sel et poivre du moulin

Préchauffer le four à 180 °C (350 °F).

Couper la courge en deux et retirer les graines. Placer la courge sur une plaque de cuisson tapissée de papier parchemin, côté pelure dessous, et cuire environ 45 minutes. Quand elle est cuite, retirer la chair à l'aide d'une cuillère. Au robot, réduire en purée la chair et tous les ingrédients. Saler et poivrer. Accompagne bien les viandes rouges dont les jarrets d'agneau, page 60.

SAVIEZ-VOUS QUE…

LE SIROP D'ÉRABLE CONTIENT ENVIRON 62 % DE SUCRE (SACCHAROSE) ET 35 % D'EAU ? SA SAVEUR EST ATTRIBUABLE, EN PARTIE, À LA RÉACTION DE MAILLARD QUI SE PRODUIT PENDANT LA CUISSON DE LA SÈVE.

COURGE BRAISÉE

1 potimarron ou autre courge au choix
3 c. à soupe d'huile d'olive
1 c. à soupe d'un mélange d'épices au goût (cardamome, coriandre, cumin)
2 c. à soupe de sucre d'érable
Sel et poivre du moulin

Préchauffer le four à 200 °C (400 °F).

Couper le potimarron en deux, l'épépiner et le couper en huit quartiers. Dans un bol, mélanger l'huile d'olive et les épices et badigeonner les quartiers de courge de cette huile aromatisée. Déposer les quartiers de courge sur une plaque de cuisson tapissée de papier parchemin, côté peau dessous. Saupoudrer de sucre d'érable et assaisonner de sel et de poivre. Cuire environ 20 minutes.

VIANDES, VOLAILLES ET POISSONS

SAVIEZ-VOUS QUE…

LA CLASSIFICATION DU SIROP D'ÉRABLE EST BASÉE EN PARTIE SUR SA COULEUR. CELLE-CI, QUI VA DU BLOND CLAIR AU BRUN FONCÉ, DÉPEND SURTOUT DES CARACTÉRISTIQUES CHIMIQUES DE LA SÈVE D'ORIGINE. EN GÉNÉRAL, AU DÉBUT DU PRINTEMPS, LE SIROP D'ÉRABLE PRODUIT DEMEURE PLUS CLAIR (CATÉGORIE CLAIR ET EXTRA-CLAIR) ET SON GOÛT EST GÉNÉRALEMENT PLUS SUBTIL ET DÉLICAT. AU FUR ET À MESURE QUE LA SAISON DES SUCRES PROGRESSE, L'ACTION COMBINÉE DE LA TEMPÉRATURE EXTÉRIEURE ET DU RÉVEIL PRINTANIER DES ÉRABLES VIENT MODIFIER LES CARACTÉRISTIQUES DE LA SÈVE ET LE SIROP PRODUIT EST ALORS PLUS FONCÉ (CATÉGORIE MÉDIUM, AMBRÉ ET FONCÉ). LA PLUPART DU TEMPS, CE TYPE DE SIROP A UN GOÛT PLUS MARQUÉ, PLUS CARAMÉLISÉ. SA QUALITÉ N'EST PAS MOINDRE POUR AUTANT.

SOURCE: FÉDÉRATION DES PRODUCTEURS ACÉRICOLES DU QUÉBEC.

CÔTES LEVÉES À L'ÉRABLE

Ces côtes levées sont le régal de Rémi et Maude, les enfants de Céline, notre styliste culinaire. Elles sont excellentes en amuse-gueule et peuvent être servies comme plat en les accompagnant de légumes braisés à l'érable (page 44).

1,5 kg (3 lb) de côtes levées de dos de porc
180 ml (3/4 tasse) de sirop d'érable
2 c. à soupe de concentré de tomate
2 c. à soupe de vinaigre de riz
2 c. à soupe de sauce soya
1 c. à soupe de gingembre râpé
1 c. à soupe de moutarde
1 c. à thé de harissa ou sambaal oelek
2 gousses d'ail hachées

Dans une grande marmite, couvrir d'eau froide les côtes levées et porter à ébullition. Laisser mijoter à feu doux pendant 1 heure. Égoutter. Dans un bol, mélanger le reste des ingrédients et répartir sur les côtes levées tièdes. Réfrigérer de 2 à 12 heures. Préchauffer le four à 180 °C (350 °F). Déposer les côtes sur une plaque tapissée de papier parchemin. Saler et cuire 30 minutes en badigeonnant de marinade à quelques reprises. Pour un goût plus estival, griller les côtes levées marinées sur le barbecue à feu doux.

Pour faire une sauce d'accompagnement, passer le reste de la marinade au tamis et faire réduire dans une petite casserole.

CRÉATIFS DE L'ÉRABLE

COCOTTES EN CROÛTE D'ÉPAULE DE PORC BIO, ÉRABLE ET CORIANDRE

En 2009, la *Cocotte en croûte d'épaule de porc bio, érable et coriandre* du chef **Thierry Ferré** du restaurant **Le Mouton Noir** à Baie-Saint-Paul a remporté le premier prix du concours des **Créatifs de l'érable**. Elle a séduit le jury par son goût, son originalité et l'utilisation judicieuse des produits de l'érable.

1 kg (2 lb) d'épaule de porc bio en cubes
2 c. à soupe d'huile
50 ml de beurre
125 ml (1/2 tasse) + 3 c. à soupe de sirop d'érable
2 c. à soupe de vinaigre de Xérès
4 tiges de coriandre
1 litre (4 tasses) de fond de veau
12 échalotes françaises
2 carottes moyennes
3 grosses pommes de terre Yukon Gold
12 radis
12 champignons de Paris
4 abaisses de pâte feuilletée de 15 cm (6 po)
I œuf (pour la dorure)
Sel et poivre au goût

LA GARNITURE AROMATIQUE

2 gousses d'ail hachées
1/2 oignon blanc haché
1 branche de céleri en dés
1/2 carotte en dés

Dans une poêle, faire sauter les cubes de porc avec l'huile et la moitié du beurre. Transvider dans une petite marmite avec la garniture aromatique et 125 ml (1/2 tasse) de sirop d'érable. Porter à ébullition et laisser réduire jusqu'à épaississement. Déglacer avec le vinaigre de Xérès, ajouter la coriandre et le fond de veau, porter de nouveau à ébullition et cuire à couvert 1 heure, à feux doux. Préchauffer le four à 160 °C (330 °F).

Placer les échalotes dans un papier d'aluminium, y ajouter l'autre moitié du beurre et 3 c. à soupe de sirop d'érable. Fermer le papier et faire confire au four 30 minutes. Sortir les échalotes et les éplucher.

Tailler les carottes et les pommes de terre pelées en cylindres de 1 cm (1/2 po) d'épaisseur. Glacer les carottes et les radis (cuire dans une casserole avec un fond d'eau, 1 c. à soupe de sirop d'érable et une noisette de beurre) jusqu'à ce qu'ils soient légèrement croustillants. Tailler les champignons (ne garder que la tête), les faire sauter dans une poêle. Réservez les légumes. Dans une poêle, faire sauter les pommes de terre dans un peu d'huile et les enfourner à 180 °C (350 °F) environ 7 minutes.

Répartir les cubes de porc et les légumes dans les cocottes. Passer la sauce au chinois et rectifier l'assaisonnement. Verser la sauce dans 4 cocottes de 15 cm (6 po) de diamètre en ajoutant quelques feuilles de coriandre.

Découper la pâte feuilletée en 4 cercles. Déposer sur les cocottes en appuyant sur les contours. Badigeonner les pâtes feuilletées avec l'œuf préalablement battu à la fourchette. Mettre les cocottes au four à 180 °C (350 °F) 20 à 25 minutes.

Déguster en bonne compagnie !

RIS DE VEAU CROUSTILLANTS, SAUCE DOUCE-AMÈRE À L'ÉRABLE ET À L'ABSINTHE

Grands chasseurs d'épices et co-propriétaires des boutiques **Olives et Épices** et **La Dépense**, **Ethné** et **Philippe de Vienne** parcourent la planète depuis plus de 25 ans à la recherche des épices issues des meilleurs terroirs du monde. Ils nous offrent ces ris de veau croustillants aux saveurs exotiques qui font d'excellents amuse-gueule.

LES RIS DE VEAU

500 g (1 lb) de ris de veau
Une tranche de gingembre
1 oignon vert en tronçons
1 carotte en tronçons
1/2 anis étoilée
10 grains de poivre
Le zeste d'une orange
1 c. à soupe de sel
1 c. à soupe de jus de citron

LA FRITURE

125 ml (1/2 tasse) de farine
125 ml (1/2 tasse) de fécule de maïs
125 ml (1/2 tasse) de vinaigre de riz
250 ml (1 tasse) de graines de sésame blanc et/ou noir
Huile d'arachide pour la friture

LA SAUCE

2 c. soupe d'huile d'olive
1 échalote française hachée finement
125 ml (1/2 tasse) de sirop d'érable ambré
125 ml (1/2 tasse) de fond de veau (ou fond de volaille)
2 c. à soupe de feuilles d'absinthe séchées (facultatif)
80 ml (1/3 tasse) de vin blanc sec
2 c. à soupe de sauce soya foncée
3 c. à soupe de fécule de maïs
Au goût, sel et poivre du moulin

Après avoir bien lavé les ris de veau, les placer dans une marmite avec les ingrédients du court-bouillon, recouvrir d'eau et laisser mijoter à feu doux 30 minutes. Retirer du feu et laisser refroidir 2 heures. Retirer les ris du liquide et les défaire en petits morceaux pour en faire des bouchées. Réserver. Filtrer et réserver 125 ml (1/2 tasse) de court-bouillon. (Cette étape peut être faite la veille.)

LA SAUCE : Dans une petite casserole, verser l'huile d'olive, ajouter l'échalote et le poivre. Laisser dorer à feu moyen. Ajouter le sirop et réduire d'un tiers. Verser les ingrédients restants de la sauce sauf la fécule. Ajouter le court-bouillon. Cuire 10 minutes à feu moyen. Épaissir la sauce avec la fécule diluée dans 60 ml (1/4 tasse) d'eau. Vérifier l'assaisonnement et réserver au chaud.

LA FRITURE : Chauffer l'huile à 190 °C (375 °F). Mélanger la farine et la fécule et enfariner les ris. Plonger les morceaux un à un dans le vinaigre une seconde, puis les rouler dans les graines de sésame. Frire 6 à 7 minutes jusqu'à ce qu'ils soient dorés et croustillants. Égoutter sur un papier absorbant, puis les mélanger à la sauce.

JARRETS D'AGNEAU DE CHARLEVOIX AU PARFUM D'ÉRABLE

L'agneau est une viande de caractère qui s'accommode parfaitement bien de saveurs fortes, dont celle de l'érable. Dans le sel d'épices, nous avons utilisé le piment de Sainte-Béatrix dont la couleur vive des flocons n'a d'égal que le savoureux piquant caractéristique du piment.

4 jarrets d'agneau
2 c. à soupe d'huile d'olive
1 c. à soupe de beurre
1 petit oignon blanc haché
1 carotte en cubes
60 ml (1/4 tasse) de sirop d'érable
60 ml (1/4 tasse) de vin blanc
500 ml (2 tasses) de fond d'agneau ou de veau
8 gousses d'ail en chemise
2 branches de romarin
4 tiges d'estragon
Sel et poivre du moulin

LE SEL D'ÉPICES

1 gousse de cardamome (graines seulement)
1 anis étoilé
1 c. à thé de piment broyés de type Espelette
2 c. à soupe de fleur de sel

Préchauffer le four à 160 °C (325 °F).

Broyer les épices et la fleur de sel. Frotter les jarrets avec ce sel d'épices. Dans une cocotte, saisir à feu vif les jarrets dans le beurre et huile. Ajouter l'oignon et les carottes, et laisser colorer avant d'ajouter le sirop d'érable. Caraméliser quelques minutes et déglacer au vin blanc. Ajouter le reste des ingrédients et porter à ébullition. Couvrir et cuire au centre du four pendant 3 heures. En cours de cuisson, tourner les jarrets à quelques reprises.

PASTILLAS DE LAPIN DE STANSTEAD À L'ÉRABLE

Pour célébrer le retour des produits de l'érable dans les érablières et sur nos tables, la traiteur **Denise Cornellier** nous propose une façon originale de les mettre en valeur. La pastilla est un plat marocain qu'on sert lors des repas de fête.

LE LAPIN

1 lapin entier d'environ 1 kg (2 lb)
1 oignon finement haché
1 morceau de gingembre écrasé
1 botte de coriandre hachée
1 botte de persil haché
60 ml (1/4 tasse) de sucre d'érable
4 bâtons de cannelle
2 stigmates de safran
Sel et poivre au goût
1 l (4 tasses) d'eau ou plus, au besoin

LA GARNITURE

125 ml (1/2 tasse) d'abricots séchés grossièrement hachés
125 ml (1/2 tasse) d'eau chaude
2 bâtons de cannelle
60 ml (1/4 tasse) d'amandes grillées grossièrement hachées
60 ml (1/4 tasse) de pistaches grillées grossièrement hachées
1 c. à soupe de sucre d'érable
1/2 c. à thé de cannelle moulue
1/4 c. à thé de gingembre moulu
Sel et poivre, au goût

LES PASTILLAS

8 feuilles de brick* (2 par pastilla)
60 ml (1/4 tasse) de beurre fondu
1 c. à soupe de sucre d'érable moulu
1/2 c. à thé de cannelle moulue

*On retrouve les feuilles de brick dans les supermarchés maghrébins ou les épiceries fines.

Préchauffer le four à 180 °C (350 °F).

Déposer tous les ingrédients pour la cuisson du lapin dans une grande casserole, amener à ébullition, couvrir et enfourner environ 2 heures jusqu'à ce que la chair du lapin se détache facilement des os.

Pendant ce temps, faire tremper les abricots avec la cannelle dans l'eau chaude jusqu'à réhydratation. Égoutter les abricots et les mélanger au reste des ingrédients de la garniture. Lorsque le lapin est cuit, le retirer de la casserole. Laisser refroidir légèrement, le désosser et l'émincer. Dans un grand bol, mélanger le lapin et la garniture. Assaisonner. Passer le jus de cuisson au tamis, puis le faire réduire de moitié dans une petite casserole. Réserver.

Préchauffer le four à 200 °C (400 °F). Sur un plan de travail, déposer une feuille de brick et la badigeonner de beurre fondu. La recouvrir d'une deuxième feuille de brick et badigeonner de beurre à nouveau. Répéter l'opération trois autres fois de façon à obtenir quatre cercles de brick.
Au centre de chaque cercle, déposer un quart du mélange.
Refermer chacune des pastillas en rabattant l'excédent.
Il est possible de réfrigérer les pastillas non cuites à cette étape.
Transférer les pastillas sur une plaque à biscuits tapissée d'une feuille de papier parchemin, face lisse sur le dessus.

Enfourner pendant 15 minutes. À l'aide d'une passoire, saupoudrer les pastillas de sucre d'érable puis effectuer des croisillons avec la cannelle. Servir les pastillas avec le bouillon réduit chaud.

Ces pastillas peuvent être servies avec une salade de persil, de tomates et de champignons ou une simple salade verte.

CANARD AU SEL D'ÉPICES

1 canard d'environ 2 kg (4,5 lb)

LA FARCE

2 carottes émincées
5 oignons verts émincés
5 tiges de fleurs d'ail émincées

LA MARINADE

60 ml (1/4 tasse) de tamari
60 ml (1/4 tasse) de sirop d'érable

LE SEL À FROTTER

2 c. à soupe de sucre d'érable
1 c. à thé de coriandre moulue
1 branche de romarin effeuillée
1 c. à soupe de fleur de sel
1 c. à thé de piments broyés de type Espelette

Préchauffer le four à 220 °C (425 °F).

Laver et assécher le canard. Mélanger les légumes avec les deux tiers de la marinade. Déposer cette farce à l'intérieur du canard. Badigeonner l'extérieur avec le reste de la marinade.

Mélanger le sel à frotter et en recouvrir la peau du canard. Déposer sur une lèchefrite. Cuire au centre du four 15 minutes.

Baisser la température à 180 °C (350 °F) et poursuivre environ 1 h 30 en arrosant de temps en temps. Il est possible d'ajouter des pommes de terre et autres légumes autour du canard, 30 minutes avant la fin de la cuisson.

MAGRET DE CANARD AUX POMMES CARAMÉLISÉES ET CIDRE DE GLACE

1 magret de canard de 400 à 500 g (environ 1 lb)
Sel et poivre du moulin

LA SAUCE

3 c. à soupe de beurre
2 petites pommes en tranches fines
I piment oiseau rouge émincé et épépiné
2 oignons verts émincés
3 c. à soupe de sirop d'érable
3 c. à soupe de cidre de glace

Préchauffer le four à 200 °C (400 °F).

Avec un couteau, entailler le gras en le quadrillant. Saler et poivrer. Déposer le magret, côté gras, dans une poêle, puis mettre en pratique la méthode 4 x 5 : cuire à feu moyen 5 minutes; retourner le magret et poursuivre 5 minutes; enfourner 5 minutes; retirer le magret du four, l'envelopper dans un papier d'aluminium et laisser reposer 5 minutes.

Dans une poêle antiadhésive, chauffer le beurre à feu moyen, cuire les pommes et le piment quelques minutes, puis ajouter l'oignon vert. Verser le sirop d'érable et laisser réduire de moitié avant d'ajouter le cidre de glace. Poursuivre la cuisson quelques minutes et servir sur le magret tranché. 2 à 3 portions.

PARMENTIER DE CANARD CONFIT AUX DEUX COURGES

« Dans ma cuisine, le sirop d'érable est aussi indispensable que l'huile d'olive, la crème fraîche et les fines herbes », déclare le chef **Olivier Raffestin**, de l'**Auberge des Glacis** située à l'Islet, qui propose ce parmentier aussi agréable à voir que savoureux à déguster.

1 petite courge musquée (butternut)
1 petite courge spaghetti
100 ml d'huile d'olive
Une tige de thym frais
Une branche de romarin frais
2 échalotes françaises ciselées
150 ml de Charles-Aimé Robert du Domaine Acer ou de Sortilège (type Porto)
300 ml de fond de veau ou de canard
Sel et poivre au goût
2 cuisses de canard confites désossées

Préchauffer le four à 150 °C (300 °F).

Fendre les courges en deux, de haut en bas. Retirer les pépins. Arroser d'huile d'olive. Saler et poivrer. Déposer une tige de thym frais. Mettre au four à couvert environ 1 heure. Retirer la chair des coques de courge et la réduire en purée au robot ou à la fourchette. Réserver séparément.

Dans une casserole, déposer les échalotes avec le Charles-Aimé-Robert ou le Sortilège et le romarin. Porter à ébullition et réduire de deux tiers. Ajouter le fond de veau et porter à ébullition de nouveau. Saler et poivrer. Passer le tout au tamis.

Préchauffer le four à 200 °C (400 °F). Utiliser un cercle de 8 cm (3 po) de diamètre comme moule (vous pouvez utiliser une boîte de conserve ouverte des deux côtés). Déposer d'abord la courge spaghetti effilochée (la plus pâle). Ajouter un étage de canard.

Recouvrir de courge musquée. Enlever le cercle. Passer au four 5 minutes.

Servir avec des légumes, oignons cipollini et lardons. Napper de sauce chaude. 2 à 3 portions.

POULET AUX ÉPICES ET AU SIROP D'ÉRABLE

Marie-Fleur St-Pierre, la jeune chef de **Tapeo**, un restaurant à découvrir du quartier Villeray à Montréal, propose des tapas sous toutes les formes : des authentiques, de pure inspiration de la cuisine du soleil, mais aussi des audacieux adaptés au goût printanier du Québec.

6 ailes de poulet coupées en deux
6 pilons de poulet
3 c. à soupe d'un mélange d'épices :
    paprika fumé, cumin, coriandre
Un filet d'huile d'olive
2 c. à soupe de brandy ou xérès (facultatif)
60 ml (1/4 tasse) de sirop d'érable
Une pincée de sel

Moudre les épices. À l'aide d'un couteau, faire des entailles sur les morceaux de poulet et les déposer dans un bol. Verser un filet d'huile d'olive et saler. Ajouter le brandy (ou xérès), les épices et le sirop d'érable. Mélanger afin de bien enrober les morceaux de poulet. Couvrir et réfrigérer de 2 à 12 heures.

Préchauffer le four à 190 °C (375 °F). Déposer les morceaux de poulet sur une plaque de cuisson tapissée de papier parchemin. Cuire 30 minutes ou plus, selon la grosseur des morceaux, en retournant à mi-cuisson.

POULET AUX CANNEBERGES, THYM ET ÉRABLE

Collaboratrice au magazine *Châtelaine*, un mensuel présent au Québec depuis quelques décennies, **Louise Gagnon** cuisine ce plat aigre-doux aux accords parfaits entre canneberges et érable. Vite fait, il plaira à toute la famille.

4 cuisses de poulet sans la peau
4 c. à soupe de farine tout usage
2 c. à soupe d'huile d'olive
2 branches de thym frais
2 oignons émincés
500 ml (2 tasses) de canneberges fraîches ou surgelées
250 ml (1 tasse) de jus de pomme
150 ml (2/3 tasse) de sirop d'érable
Sel et poivre

Préchauffer le four à 190 °C (375 °F).

Enfariner les cuisses de poulet et bien les secouer pour enlever l'excédent. Dans une poêle antiadhésive, les faire dorer dans l'huile, puis les déposer dans un plat en pyrex ou une rôtissoire. Ajouter le thym, les oignons, les canneberges, le jus de pomme et le sirop d'érable. Saler et poivrer. Cuire au four à découvert environ 75 minutes, en les retournant à mi-cuisson.

CAILLES POÊLÉES AU SIROP D'ÉRABLE ET AU VINAIGRE BALSAMIQUE

La caille est moins grasse que le poulet. Selon la grosseur de la volaille, on calcule en moyenne 1 1/2 caille par personne. Pour que cette recette toute simple soit savoureuse, **Michel Boulais**, de la boucherie **Prince Noir** du marché Jean-Talon, recommande un très bon vinaigre balsamique.

6 cailles royales
1 gros oignon coupé en morceaux

LA MARINADE

125 ml (1/2 tasse) d'huile d'olive
4 c. à soupe de sirop d'érable
1 c. à soupe de moutarde de Dijon
1 c. à soupe de bon vinaigre balsamique
1 c. à thé de gingembre

Réserver 4 c. à soupe d'huile d'olive et l'oignon coupé en morceaux.

Mettre les ingrédients de la marinade dans un bol et y faire mariner les cailles 40 minutes en les retournant toutes les 10 minutes. Préchauffer le four à 180 °C (350 °F). Dans une poêle allant au four, faire revenir l'oignon dans 4 c. à soupe d'huile. Ajouter les cailles et les dorer de tous les côtés. Incorporer la marinade et cuire au four à découvert pendant 45 minutes.

MORUE CHARBONNIÈRE FUMÉE À CHAUD

L'art du fumage permet d'harmoniser le sucre d'érable, le sel et le goût exquis de la morue charbonnière. Cette dernière doit être la plus fraîche possible.

4 filets de morue charbonnière de 150 g (6 onces)
2 c. à soupe de sucre d'érable
1 c. à soupe de sel de mer
1 c. à thé de poivre noir du moulin
125 ml (1/2 tasse) de copeaux de bois d'érable (ou d'une autre essence)
1 c. à soupe d'huile d'olive
1 c. à soupe de sucre d'érable (facultatif)

Assaisonner les filets de morue avec le sucre d'érable, le sel et le poivre, et réfrigérer 2 heures. Faire tremper les copeaux de bois dans un bol d'eau fraîche pendant 2 heures. Égoutter les copeaux, puis les déposer dans une casserole dont le fond a été préalablement recouvert de papier d'aluminium. Déposer une grille surélevée au-dessus des copeaux. Déposer le couvercle, allumer la hotte au maximum, puis chauffer à feu moyen pendant 5 minutes. Pendant ce temps, rincer sommairement les filets sous un jet d'eau froide et éponger. Enduire les filets d'huile d'olive et saupoudrer, si désiré, de sucre d'érable. Lorsqu'il y a assez de fumée dans la casserole, déposer les filets sur la grille puis baisser le feu. Laisser cuire 5 minutes puis éteindre le feu. Laisser reposer dans la casserole fermée encore 5 à 10 minutes.

Servir avec une salade verte dont la Vinaigrette à l'érable de Jérôme Ferrer accompagne parfaitement les arômes fumés de la morue charbonnière.

CRÉATIFS DE L'ÉRABLE

VINAIGRETTE PERLÉE, ÉRABLE ET POMME

1 pomme (McIntosh ou Cortland)
80 ml (1/3 tasse) de sirop d'érable
80 ml (1/3 tasse) de vinaigre de cidre de pomme
250 ml (1 tasse) d'huile d'olive
60 ml (1/4 tasse) de cidre de pomme
Sel et poivre du moulin

Peler et retirer les pépins de la pomme. Mixer à l'aide d'un robot culinaire les morceaux de pommes avec le sirop d'érable et le vinaigre de cidre.

Émulsionner la vinaigrette en y incorporant l'huile et le cidre. Saler et poivrer en toute fin.

SAUMON EN CROÛTE D'ÉPICES

Le saumon a la couleur de l'érable !
Des harmonies gagnantes !

4 filets de saumon de 150 g (6 oz)
60 ml (1/4 tasse) de sirop d'érable
Le zeste d'une orange ou d'un citron
2 c. à soupe de graines de moutarde
1 c. à soupe de graines de coriandre
1 c. à soupe de graines de fenouil
2 c. à thé de sel de mer
1 poivre long ou 1 c. à thé de poivre noir
2 c. à soupe d'huile d'olive

Préchauffer le four à 200 °C (400 °F).

Dans une petite casserole, faire réduire du tiers le sirop d'érable avec le zeste, laisser tiédir et filtrer. Dans un mortier, moudre les épices grossièrement et les transvider sur une assiette. Badigeonner la chair des filets de saumon de sirop d'érable réduit et les enrober du mélange d'épices. Dans une poêle, chauffer l'huile et faire colorer les filets de saumon 2 minutes de chaque côté. Poursuivre la cuisson au four environ 8 minutes ou moins selon les goûts.

GRAVLAX DE SAUMON À L'ÉRABLE

Cette spécialité d'origine scandinave s'enrichit d'une délicate saveur boisée avec cette salaison au sucre d'érable.

1 filet de saumon de 1 kg (2,2 lb) avec la peau, coupé en deux dans le sens de la longueur
4 c. à soupe de sucre d'érable
4 c. à soupe de gros sel de mer
2 c. à soupe de poivre blanc
1 botte d'aneth frais haché
2 c. à soupe de liqueur d'érable Val Robert (facultatif)

Dans un bol, mélanger le sucre d'érable, l'aneth, le sel, le poivre et la liqueur d'érable. Déposer la première moitié du filet de saumon dans un plat, côté peau en dessous; y répartir la préparation et recouvrir de la deuxième moitié, côté peau dessus. Couvrir d'une pellicule plastique et mettre un poids dessus (une brique, une boîte de conserve). Réfrigérer 2 jours en prenant soin de retourner le poisson à quelques reprises afin de s'assurer qu'il marine également. Après ces 2 jours de macération, bien rincer les filets sous l'eau courante pour retirer la marinade. Éponger soigneusement. Trancher finement.

POUR LES P'TITS BECS SUCRÉS

Fait
à la main
Fait
à la main

TARTE AU SIROP DU PAYS

Pour les nostalgiques de la cuisine de leur grand-mère, le *Guide de la cuisine traditionnelle québécoise* de **Lorraine Boisvenue**, paru pour la première fois en 1979, représente la somme de la richesse de notre passé culinaire.

Le choix de cette tarte au sirop d'érable n'a pas été laissé au hasard. « C'est donc ça, la recette de ma grand-mère que je n'ai jamais réussi à retrouver ! » Tel est le commentaire que Madame Boisvenue a recueilli le plus souvent au cours des ans.

2 c. à soupe de beurre
4 c. à soupe de farine
250 ml (1 tasse) de sirop d'érable
125 ml (1/2 tasse) d'eau
125 ml (1/2 tasse) de noix hachées
1 abaisse non cuite

Préchauffer le four à 180 °C (350 °F).

Fondre le beurre; ajouter la farine et cuire en brassant jusqu'à ce que le mélange soit d'un beau brun. Ajouter le sirop d'érable et l'eau, et cuire en brassant jusqu'à épaississement. Laisser tiédir et ajouter les noix. Verser dans une abaisse non cuite. Cuire au four environ 30 minutes.

SAVIEZ-VOUS QUE…

LES PRODUITS DE L'ÉRABLE, TELS QUE LA TIRE, LE SUCRE ET LE BEURRE D'ÉRABLE, SONT LE SIMPLE RÉSULTAT D'UNE CUISSON PROLONGÉE ? AUCUN ADDITIF N'EST AJOUTÉ.

CARRÉS À L'ÉRABLE

Un tout petit morceau de ce carré suffit à vous sucrer le bec pour un bon bout de temps.

LE SIROP

125 ml (1/2 tasse) de cassonade ou de sucre d'érable
375 ml (1 1/2 tasse) de sirop d'érable

LA CROÛTE

375 ml (1 1/2 tasse) de farine tout usage
60 ml (1/4 tasse) de cassonade
125 ml (1/2 tasse) de beurre

LA PÂTE

3 œufs battus
3 c. à soupe de farine tout usage
1 pincée de sel
1/2 c. à thé de vanille

Préchauffer le four à 200 °C (400 °F).

Dans une casserole, préparer le sirop en faisant mijoter la cassonade avec le sirop d'érable pendant 5 minutes, puis laisser tiédir. Dans un bol, mélanger grossièrement les ingrédients de la pâte. Presser légèrement dans un moule carré beurré de 23 cm (9 po). Cuire la pâte au four 10 minutes. Retirer du four et réduire la température à 180 °C (350 °F). Dans un bol, fouetter les œufs et incorporer le sirop tiédi en fouettant vigoureusement. Verser sur la croûte pré-cuite. Cuire environ 25 minutes.

GALETTES AU SIROP D'ÉRABLE

Traditionnellement, la graisse végétale était le corps gras qu'utilisaient les cuisinières québécoises pour confectionner les pâtisseries, tant des gâteaux et des tartes que des biscuits.

Voici une recette de biscuits à l'érable qui a fait le bonheur de milliers d'enfants au retour de l'école.

125 ml (1/2 tasse) de graisse végétale ou de beurre ramolli
1 œuf
250 ml (1 tasse) de sirop d'érable
125 ml (1/2 tasse) de lait
375 ml (1 1/2 tasse) de farine tout usage
375 ml (1 1/2 tasse) de farine d'avoine
2 c. à thé de levure chimique (poudre à pâte)
1 c. à thé de sel
1 c. à thé de muscade
250 ml (1 tasse) de noix hachées

Préchauffer le four à 190 °C (375 °F).

Dans un bol, défaire la graisse ou le beurre en crème. Ajouter graduellement l'œuf, le sirop d'érable et le lait. Dans un autre bol, mélanger les farines, la levure chimique, le sel et la muscade. Incorporer les ingrédients liquides aux ingrédients secs et ajouter les noix. Déposer par cuillerées sur une plaque de cuisson bien beurrée. Cuire environ 15 minutes.

GÂTEAU À L'ÉRABLE À ÉTAGES

Madame **Germaine Gloutnez** a dirigé *l'École des sciences ménagères* dans les années 50 et a formé plusieurs générations de cuisinières québécoises. En 1979, elle a publié *La Cuisine québécoise*, qui est vite devenu un best-seller. Extrait de ce livre, voici un gâteau qui a inspiré bien des ménagères de l'époque.

125 ml (1/2 tasse) de beurre
125 ml (1/2 tasse) de sucre
2 œufs
750 ml (3 tasses) de farine à pâtisserie
3 c. à thé de levure chimique (poudre à pâte)
1 c. à thé de sel
250 ml (1 tasse) de sirop d'érable
125 ml (1/2 tasse) de lait

Préchauffer le four à 180 °C (350 °F).

Graisser 2 moules à gâteaux de 23 cm (9 po) de diamètre. Défaire le beurre et le sucre en crème, ajouter les œufs un à la fois en battant pour garder un mélange léger. Tamiser les ingrédients secs et les ajouter en alternant avec le lait et le sirop d'érable mélangés. Commencer par ajouter de la farine et finir avec la farine. Verser la pâte dans les moules préparés. Cuire au four environ 30-35 minutes. Laisser refroidir et garnir de glaçage à l'érable.

GLAÇAGE À L'ÉRABLE

6 c. à soupe de beurre
6 c. à soupe de sirop d'érable
750 ml (3 tasses) de sucre à glacer tamisé
80 ml (1/3 tasse) de noix de Grenoble hachées
Quelques demi-noix

Défaire le beurre avec le sirop d'érable ; ajouter le sucre graduellement et battre jusqu'à l'obtention d'un mélange homogène. Étendre une partie de la glace sur un gâteau, parsemer les noix hachées. Placer le second gâteau sur le premier. Glacer le tour et le dessus. Garnir avec les demi-noix.

CUPCAKES À L'ÉRABLE

L'engouement pour les cupcakes ne connaît pas de frontières. Et l'érable s'y intègre avec bonheur ! Ils sont savoureux, ces petits gâteaux à l'érable, et la décoration de cette pâtisserie d'origine anglo-saxonne n'aura de limite que votre imagination.

60 ml (1/4 tasse) de beurre ramolli
60 ml (1/4 tasse) de sucre
125 ml (1/2 tasse) de sirop d'érable
2 œufs
60 ml (1/4 tasse) de yogourt à l'érable
330 ml (1 1/3 tasse) de farine
2 c. à thé de levure chimique (poudre à pâte)
Une pincée de sel
60 ml (1/4 tasse) de flocons d'érable (ou de noix hachées)

LE GLAÇAGE

125 ml (1/2 tasse) de fromage à la crème ou ricotta
3 c. à soupe de sirop d'érable

Préchauffer le four à 190 °C (375 °F).

Défaire le beurre et le sucre en crème. Ajouter graduellement le sirop d'érable, les œufs et le yogourt. Dans un bol, mélanger la farine, la levure chimique et le sel. Incorporer les ingrédients liquides aux ingrédients secs et ajouter les flocons d'érable (ou les noix). Déposer des caissettes de papier dans des moules à muffins et les garnir de pâte. Cuire 20 minutes. Dans un bol, mélanger les ingrédients du glaçage. Laisser tiédir les cupcakes avant de les glacer.

LA DÉCORATION : Vos pouvez les parsemer de flocons d'érable, de paillettes de sucre multicolore, de pépites de chocolat. Assurez-vous qu'ils seront aussi jolis que délicieux !

MUFFINS AUX POMMES ET AU SIROP D'ÉRABLE

Juteuse et sucrée, la pomme McIntosh a longtemps occupé la plus grande part du marché au Québec. Aujourd'hui, elle partage sa place avec bien d'autres variétés. Pour cette recette, nous optons pour la Cortland dont la chair blanche et parfumée conserve sa forme une fois cuite.

500 ml (2 tasses) de farine
1 c. à soupe de levure chimique (poudre à pâte)
1/2 c. à thé de cannelle
1 pincée de sel
180 ml (3/4 tasse) de sirop d'érable
1 c. à soupe d'huile de tournesol
2 œufs
310 ml (1 1/4 tasse) de compote de pommes non sucrée
125 ml (1/2 tasse) de pommes séchées coupées en dés
125 ml (1/2 tasse) de noix

Préchauffer le four à 190 °C (375 °F).

Dans un bol, mélanger la farine, la levure chimique, la cannelle et le sel. Réserver. Dans un autre bol, fouetter le sirop d'érable et l'huile. Ajouter les œufs et la compote de pommes. Incorporer les ingrédients secs et les pommes séchées, et remuer jusqu'à ce que la pâte soit humide. Ajouter les noix. Ne pas trop mélanger. Répartir la pâte dans des moules à muffins huilés. Cuire au four environ 20 minutes.

Donne 12 à 15 muffins.

MUFFINS AU TOFU, ÉRABLE ET SON D'AVOINE

Des muffins qui conviennent parfaitement pour un lunch. Si on les désire plus sucrés, on peut augmenter légèrement la quantité de sirop d'érable.

375 ml (1 1/2 tasse) de farine de blé entier à pâtisserie
250 ml (1 tasse) de son d'avoine
1 c. à soupe de levure chimique (poudre à pâte)
180 ml (3/4 tasse) de raisins blonds secs
125 ml (1/2 tasse) de tofu soyeux
1 œuf
80 ml (1/3 tasse) d'huile de tournesol
125 ml (1/2 tasse) de sirop d'érable
125 ml (1/2 tasse) de lait

Préchauffer le four à 190 °C (375 °F).

Dans un bol, mélanger la farine, le son d'avoine, la levure chimique et les raisins. Passer au mélangeur le tofu, l'œuf, l'huile, le sirop d'érable et le lait. Incorporer la préparation liquide aux ingrédients secs. Verser à la cuillère dans des moules à muffins huilés. Cuire au four 20 minutes.

Donne 12 muffins de grosseur moyenne.

SAVIEZ-VOUS QUE…

LES BOÎTES DE CONSERVE MÉTALLIQUES DE SIROP D'ÉRABLE NE PORTENT PAS DE DATE DE PÉREMPTION; AINSI, SANS CONTACT AVEC L'AIR, IL PEUT SE CONSERVER À LA TEMPÉRATURE DE LA PIÈCE PENDANT PLUSIEURS ANNÉES. PAR CONTRE, DÈS QUE LE CONTENANT EST OUVERT, IL FAUT CONSERVER LE SIROP AU FRIGO EN LE TRANSVIDANT DANS UN RÉCIPIENT HERMÉTIQUE OÙ IL PEUT ALORS SE GARDER QUELQUES MOIS. SINON, PENSEZ AU CONGÉLATEUR POUR LES LONGUES PÉRIODES DE CONSERVATION : C'EST LA MEILLEURE FAÇON DE CONSERVER UN CONTENANT DÉJÀ ENTAMÉ.

SOURCE : FÉDÉRATION DES PRODUCTEURS ACÉRICOLES DU QUÉBEC.

SABLÉS BRETONS AU SUCRE D'ÉRABLE

Tous les amateurs de desserts connaissent **Patrice Demers**, chef pâtissier du restaurant **Le Newtown** à Montréal. Sa créativité a rendu la pâtisserie accessible aux débutants comme aux plus expérimentés. Cette recette est tirée du livre *La carte des desserts*, publié aux Éditions de l'Homme.

4 jaunes d'œufs
160 g (1 1/2 tasse) de sucre d'érable
225 g (1 1/2 tasse) de farine
1 c. à soupe de levure chimique (poudre à pâte)
160 g (2/3 tasse + 2 c. à soupe) de beurre salé ramolli

Au batteur électrique, blanchir les jaunes d'œufs et le sucre jusqu'à ce que le mélange soit mousseux. Ajouter les ingrédients secs préalablement tamisés ensemble et le beurre. Mélanger juste ce qu'il faut pour obtenir un mélange homogène. Déposer la pâte sur une feuille de papier parchemin, couvrir d'une deuxième feuille, puis à l'aide d'un rouleau à pâtisserie, abaisser la pâte d'une épaisseur de 1,5 cm (1/2 po). Laisser prendre au réfrigérateur. Couper les sablés froids à l'aide de cercles en acier inoxydable, puis les déposer sur une plaque recouverte d'un tapis en silicone ou de papier parchemin. Cuire les sablés dans les cercles à 160 °C (325 °F) pendant environ 12 minutes. Démouler les sablés encore tièdes en soulevant délicatement les cercles.

Pour réussir de beaux sablés bien gonflés, il est important de réfrigérer la pâte. Il est même possible de congeler les sablés et de les cuire directement à leur sortie du congélateur.

SCONES À L'ÉRABLE

Oh surprise ! Des scones au sirop d'érable au menu du chic petit café anglais *Rose Bakery*, rue des Martyrs, à Paris. Librement inspirés de cette recette qu'on retrouve dans leur livre *Breakfast, Lunch & Tea*, les scones de **Julie**, de la **Librairie Gourmande** à Montréal, feront leur effet au brunch du dimanche !

125 ml (1/2 tasse) de sirop d'érable
80 ml (1/3 tasse) de lait
625 ml (2 1/2 tasses) de farine tout usage
1 c. à soupe de levure chimique (poudre à pâte)
1 pincée de sel
190 ml (3/4 tasse + 1 c. à soupe) de beurre froid en petits cubes
1 œuf battu

Préchauffer le four à 180 °C (350 °F).

Dans un bol, mélanger le sirop d'érable et le lait. Dans un autre bol, mélanger la farine, la levure chimique et le sel. Ajouter le beurre et travailler jusqu'à l'obtention d'une chapelure grossière. Faire un puits au centre et incorporer à la fourchette les ingrédients liquides. Terminer le pétrissage à la main. Enfariner une surface de travail et abaisser la pâte à 2,5 cm (1 po) d'épaisseur. Couper en triangles ou à l'aide d'un emporte-pièce. Déposer les scones sur une plaque à cuisson tapissée de papier parchemin. Battre l'œuf et badigeonner les scones. Cuire environ 25 minutes. Donne une douzaine de scones.

MACARONS CROUSTILLANTS À L'ÉRABLE

Jérôme Ferrer, chef-propriétaire du restaurant **Europea** au centre-ville de Montréal, cuisine avec les produits de l'érable tant pour laquer canards et poissons que pour réaliser ses desserts savoureux. Ce macaron à l'érable, au menu du restaurant, est l'une des saveurs les plus appréciées des amateurs de desserts.

LA MERINGUE
300 g (1 1/4 tasse) de sucre
5 c. à thé d'eau
4 blancs d'œufs

LA COQUE
300 g (2 1/3 tasses) de poudre d'amande
300 g (2 tasses) de sucre à glacer
4 blancs d'œufs

LA CRÈME À L'ÉRABLE
1 c. à soupe ou 1 sachet de gélatine sans saveur
3 c. à soupe d'eau froide
190 ml (3/4 tasse) de sirop d'érable
3 jaunes d'œufs
1 c. à soupe de sucre
500 ml (2 tasses) de crème 35 %

LA MERINGUE : Mélanger le sucre et l'eau, puis cuire dans une casserole jusqu'à ce que le thermomètre à bonbons indique 120 °C (250 °F). Dans un bol, monter en neige les 4 premiers blancs d'œufs et le sucre cuit. Laisser refroidir.

LA COQUE : Dans un bol, mélanger la poudre d'amande et le sucre à glacer. Incorporer ce mélange aux 4 autres blancs d'œufs et fouetter pendant 3 minutes. Incorporer la meringue en remuant doucement. Sur une plaque à cuisson tapissée de papier parchemin, disposer la préparation des macarons à l'aide d'une poche à douille ou d'une petite cuillère. Laisser une croûte se former environ 30 minutes à température ambiante, puis cuire au four préchauffé à 180 °C (350 °F) pendant 6 à 7 minutes. Laisser refroidir, puis déposer dans un linge humide et réfrigérer.

LA CRÈME À L'ÉRABLE : Faire gonfler la gélatine dans l'eau froide. Chauffer le sirop d'érable à feu doux et y incorporer la gélatine en remuant. Dans un bol, fouetter les jaunes d'œufs avec le sucre jusqu'à ce que le mélange blanchisse. Incorporer ce mélange à la cuisson du sirop d'érable en remuant et retirer du feu. Fouetter la crème, ajouter au mélange précédent et laisser reposer 1 à 2 heures au frigo. Garnir de crème le centre d'une coque et déposer une autre coque par-dessus. Laisser reposer au frais de 5 à 6 heures.

CRÉATIFS DE L'ÉRABLE

CRÈME BRÛLÉE À LA LAVANDE À LA FAÇON *MOUTON NOIR*

Le Mouton Noir est un restaurant mythique de Baie-Saint-Paul dans la belle région de Charlevoix. D'abord boîte à chansons fréquentée par les chansonniers et hippies des années 1970, cet établissement légendaire est devenu aujourd'hui un haut lieu de la gastronomie sous la direction du chef **Thierry Ferré**. « Cette crème brûlée que nous servons au restaurant contient du sirop d'érable, mais pour en accentuer la saveur, j'en ajoute quelques gouttes après avoir caramélisé le sucre. »

250 ml (1 tasse) de crème 35 %
125 ml (1/2 tasse) de lait
4 jaunes d'œufs
2 c. à soupe de sirop d'érable
3 c. à soupe de sucre
12 fleurs de lavande
60 ml (1/4 tasse) de sucre d'érable

Dans une casserole, à feu doux, chauffer le lait et la crème. Dans un bol, mélanger les jaunes, le sucre et le sirop d'érable. Incorporer doucement au fouet le lait et la crème préalablement chauffés. Verser ensuite l'appareil à crème brûlée dans les ramequins et y répartir également les fleurs de lavande. Cuire au four, au bain-marie, à 150 °C (300 °F) sur une plaque dont le fond est recouvert d'environ 2 cm d'eau tiède, pendant 20 à 30 minutes. Sortir du four et retirer les crèmes de la plaque. Laisser refroidir. Saupoudrer de sucre d'érable et brûler au chalumeau.

GLACE CARAMEL BRÛLÉ À L'ÉRABLE

Spécialement créée pour le concours organisé par les **Créatifs de l'érable**, cette glace au goût subtil de caramel brûlé à l'érable a remporté la palme d'honneur lors de la première édition, en 2009. Toute l'année, vous pouvez déguster cette douceur à la boutique **Havre-aux-Glaces** du Marché Jean-Talon, à Montréal, tenue par **Robert** et **Richard Lachapelle**.

180 ml (3/4 tasse) de crème 35 %
200 g (1 tasse) de sucre d'érable
100 g ou 6 à 7 jaunes d'œufs
330 ml (1 1/3 tasse) de lait

Réchauffer la crème et réserver. Dans une casserole, cuire à sec le sucre d'érable en remuant constamment, jusqu'à ce qu'un thermomètre à bonbons indique 153 °C (310 °F). Hors du feu, verser doucement la crème chaude sur le caramel obtenu en brassant sans cesse; c'est ce que l'on appelle « décuire ». Réfrigérer toute une nuit.

Le lendemain, mélanger les jaunes d'œufs et le lait. Dans une casserole, chauffer le caramel et ajouter le mélange d'œufs et de lait. Chauffer et cuire jusqu'à ce qu'un thermomètre à bonbons indique 85 °C (170 °F) en remuant constamment. Refroidir en déposant la casserole dans un bain d'eau glacée. Turbiner.

SORBET À L'ÉRABLE

Un surprenant goût d'érable sur la neige.

500 ml (2 tasses) de sirop d'érable
330 ml (1 1/3 tasse) d'eau

Bien mélanger. Laisser dormir toute la nuit au frigo. Le lendemain, turbiner.

PACANES CARAMÉLISÉES AU SIROP D'ÉRABLE

375 ml (1 1/2 tasse) de pacanes
125 ml (1/2 tasse) de sirop d'érable
60 ml (1/4 tasse) de sucre
60 ml (1/4 tasse) d'eau
Une pincée de fleur de sel

Dans une casserole, porter à ébullition le sirop d'érable, le sucre et l'eau. Ajouter les pacanes et mélanger jusqu'à la cristallisation. En touche finale, ajouter la fleur de sel. Laisser refroidir sur une plaque tapissée de papier parchemin.

GRANOLA POMMES ET ÉRABLE

Un véritable cocktail d'énergie pour débuter la journée. Assurez-vous de n'ajouter les fruits séchés qu'après la cuisson des céréales, sinon ils vont brûler.

500 ml (2 tasses) de flocons d'avoine
125 ml (1/2 tasse) de germe de blé
125 ml (1/2 tasse) de flocons de noix de coco non sucrés
125 ml (1/2 tasse) de graines de tournesol non salées
1 c. à soupe de lait en poudre
1 pincée de sel
180 ml (3/4 tasse) de sirop d'érable
2 c. à soupe d'huile de tournesol
125 ml (1/2 tasse) de pommes séchées coupées en dés
125 ml (1/2 tasse) de canneberges séchées
Mélange d'épices :
1/2 c. à thé de muscade + 1 c. à thé de gingembre

Préchauffer le four à 160 °C (300 °F).

Mélanger les épices et réserver. Dans un grand bol, mélanger les flocons d'avoine, le germe de blé, les flocons de noix de coco, les graines de tournesol, le lait en poudre et le sel. Dans une casserole, chauffer sans faire bouillir le sirop d'érable et l'huile. Retirer du feu et ajouter les épices. Verser sur les céréales et mélanger le tout. Étendre la préparation sur une plaque de cuisson tapissée de papier parchemin. Cuire au four 30 à 40 minutes en remuant aux 10 minutes. Retirer la préparation du four et la mettre dans un bol. Ajouter les fruits séchés et bien mélanger. Laisser refroidir complètement.
Ce granola se conserve plusieurs semaines dans un récipient hermétique.

CHOCO-CARAMEL À L'ÉRABLE

La recette de ce chocolat qui coule en bouche est une des douceurs de **Chocolats Privilège**, situé au Marché Jean-Talon à Montréal.

140 ml (5/8 tasse) de sirop d'érable
125 ml (1/2 tasse) de crème 35 %
8 c. à thé de sirop de maïs
50 g (1 3/4 oz) de chocolat au lait

Cuire le sirop d'érable, la crème et le sirop de maïs jusqu'à ce que le thermomètre à bonbons indique 105 °C (220 °F). Laisser refroidir à 70 °C (158 °F) et ajouter le chocolat au lait. Si désiré : dresser dans des coquilles de chocolat en forme de feuille d'érable. Laisser reposer 12 heures.

Verser du chocolat fondu par-dessus, laisser prendre et démouler.

Vous obtiendrez 24 jolies feuilles d'érable chocolatées.

CARAMEL D'ÉRABLE

Nous avons demandé à **Michelle Marek**, chef-pâtissière du restaurant **Laloux** et de **POP! bar à vin**, de nous préparer une douceur au sirop d'érable et à la crème avec un rien de beurre salé. À dévorer à même la verrine ou à étendre sur une tartine.

150 ml (1/2 tasse + 2 c. à soupe) de sucre blanc granulé
150 ml (1/2 tasse + 2 c. à soupe) de sucre d'érable
60 ml (1/4 tasse) de beurre salé
210 ml (7/8 tasse) de crème 35 %
60 ml (1/4 tasse) de sirop d'érable

Mettre de côté le sucre blanc granulé. Mélanger ensemble les autres ingrédients et réserver. Dans une poêle profonde, faire fondre le sucre granulé à sec et le laisser colorer jusqu'à l'obtention d'un caramel foncé. Le décuire en versant dessus les autres ingrédients préalablement mélangés. Prudence car leur contact avec le caramel provoquera de gros bouillons. Brasser vigoureusement.

Quand les bouillons sont apaisés, cuire en brassant doucement jusqu'à 110 °C (225 °F). Verser le caramel dans une verrine et laisser refroidir.

SAVIEZ-VOUS QUE…

ON PEUT REMPLACER LE SUCRE PAR DES PRODUITS DE L'ÉRABLE DANS N'IMPORTE QUELLE RECETTE ? LE SUCRE D'ÉRABLE REMPLACE UNE QUANTITÉ ÉGALE DE SUCRE BLANC, ALORS QUE POUR CHAQUE TASSE (250 ml) DE SIROP UTILISÉ, IL SUFFIT DE RÉDUIRE D'ENVIRON 1/4 TASSE (60 ml) LA QUANTITÉ DE LIQUIDE (EAU, LAIT OU JUS) DEMANDÉE DANS LA RECETTE.

SOURCE : FÉDÉRATION DES PRODUCTEURS ACÉRICOLES DU QUÉBEC.

SUCRE À LA CRÈME À L'ÉRABLE

Le sucre à la crème était la douceur par excellence des Québécois. Il y a autant de recettes de sucre à la crème que de grands-mères ! En voici une toute simple. Afin qu'il soit fondant en bouche, il ne faut pas trop le cuire, sinon il durcit rapidement et devient cassant.

500 ml (2 tasses) de sucre d'érable
250 ml (1 tasse) de crème 35 %
125 ml (1/2 tasse) de noix longues ou de noix de Grenoble

Mélanger le sucre d'érable et la crème dans une casserole assez grande pour laisser bouillir sans que la préparation déborde. Sur feu doux, laisser fondre le sucre en brassant légèrement. Quand le sucre est complètement fondu, cuire à feu assez vif sans brasser jusqu'à 115 °C (238 °F) ou jusqu'à ce qu'une petite quantité de la préparation jetée dans l'eau glacée fasse une boule très molle. Retirer du feu et laisser tiédir. Ajouter les noix et brasser avec une cuillère de bois jusqu'à ce que le sucre commence à perdre son lustre. Verser sur une plaque recouverte de papier parchemin. Couper en carrés avant que le bonbon soit complètement refroidi.

SABAYON À L'ÉRABLE ET PETITS FRUITS

500 ml (2 tasses) de petits fruits frais au goût
(fraises, framboises, bleuets, mûres)
2 c. à soupe de flocons ou de sucre d'érable
3 jaunes d'œufs
80 ml (1/3 tasse) de sirop d'érable
3 c. à soupe de porto blanc

Dans un bol, mélanger les petits fruits et le sucre d'érable, et laisser macérer une dizaine de minutes. Répartir dans des ramequins ou des verres. Réserver.

Dans la partie supérieure d'un bain-marie, mélanger tous les autres ingrédients dans un cul-de-poule. Placer au-dessus d'une casserole d'eau frémissante et fouetter sans arrêt pendant 5 minutes, jusqu'à ce que le mélange gonfle et devienne onctueux. Verser sur les petits fruits et passer sous la salamandre ou le gril.

VERRINE ÉRABLE, CARI, COCO

Associé à la nouvelle discipline qu'est le principe d'harmonies et sommellerie moléculaire, le sommelier et auteur **François Chartier** a consacré une partie de ses recherches à « cette sève d'identité québécoise ». Ainsi, il nous apprend que la signature aromatique du sirop d'érable est la molécule sotolon. Cet important composé à l'arôme puissant participe aussi à la signature aromatique du cari. De même, il l'associe à d'autres aliments complémentaires où l'on retrouve les lactones, dont la noix de coco.

Voici donc une verrine en harmonie créée selon les données recueillies dans *Papilles et Molécules*, gagnant du prestigieux prix du Meilleur Livre de cuisine au monde, catégorie innovation, au *World Cookbook Awards 2010*, à Paris.

LA GELÉE À L'ÉRABLE

2 feuilles de gélatine (2 c. à thé de gélatine en poudre*)
125 ml (1/2 tasse) de sirop d'érable ambré
180 ml (3/4 tasse) d'eau

LA POMME AU CARI

1 pomme Granny Smith coupée en petits dés
2 c. à soupe de sirop d'érable ambré
1/4 c. à thé de poudre de cari

LA MOUSSE AU LAIT DE COCO

125 ml (1/2 tasse) de lait de coco
125 ml (1/2 tasse) de crème 35%
2 c. à soupe de sirop d'érable

Faire tremper les feuilles de gélatine dans suffisamment d'eau pour les recouvrir. Dans une petite casserole, porter à ébullition le sirop d'érable et l'eau. Essorer les feuilles de gélatine et les faire dissoudre dans le liquide chaud. Laisser refroidir 10 minutes puis verser dans 4 verres. Réfrigérer au moins 6 heures.

* Pour la gélatine en poudre, faire gonfler dans 3 c. à soupe d'eau froide, puis dissoudre dans la casserole avec le sirop d'érable et l'eau.

Mélanger les pommes, le sirop d'érable et le cari. Réserver au frigo.

Mélanger le lait de coco, la crème et le sirop d'érable. Filtrer à l'aide d'une passoire et verser dans un siphon à Chantilly. Conserver au réfrigérateur jusqu'au moment du service.

Au moment du service, répartir les dés de pomme dans les verres, puis ajouter la mousse au lait de coco à l'aide du siphon, et décorer de flocons d'érable.

VERRINE MARBRÉE

Le riz au lait se mêle ici aux parfums de l'été que sont la fraise et la rhubarbe.

LE RIZ AU LAIT

80 ml (1/3 tasse) de riz arborio rincé et égoutté
660 ml (2 2/3 tasses) de lait
1/2 gousse de vanille fendue et grattée
80 ml (1/3 tasse) de sirop d'érable
1 œuf séparé

COMPOTE DE FRAISES ET DE RHUBARBE (p. 37)

Dans une casserole, verser le riz, le lait, la vanille et le sirop d'érable. Porter à légère ébullition et cuire à feu doux 20 à 30 minutes en remuant régulièrement. Lorsque le riz est cuit, ajouter le jaune d'œuf et mélanger. Poursuivre la cuisson 2 minutes, retirer du feu et laisser refroidir. Fouetter le blanc d'œuf et incorporer au riz. Réfrigérer.

Au moment de servir, répartir le riz au lait et la compote de fraises et de rhubarbe dans des verrines en alternant les couches. Garnir d'une tige de menthe.

À BOIRE

LES EAUX SUCRÉES

Les Amérindiens connaissaient depuis toujours le secret de l'eau d'érable. Au fil du temps, les Québécois ont enrichi le vocabulaire en ajoutant quelques précisions.

Bagosse des sucres : Boisson alcoolisée fermentée à base de réduit de blé et de raisin, que l'on distille dans la cabane à sucre.

Caribou de cabane : Boisson alcoolisée composée d'une pinte de vin rouge pour dix onces de whisky, que l'on coupe de réduit tiré de la bouilleuse.

Sirop de bourgeon : Sirop au goût de bourgeon ou d'écorce. Ça ne dure qu'une journée ou deux et la cause en est le temps qu'il fait. Ça peut se produire en tout temps durant la saison des sucres, surtout au début si elle est trop hâtive ou après deux journées chaudes consécutives.

Sirop de sève : Sirop de fin de saison, au goût amer, qui fait difficilement du sucre dur mais qui est excellent pour un sucre mou et délicieux, appelé par comparaison, à cause de sa texture, sucre à la crème...

Thé de sève : Thé infusé dans l'eau d'érable

Ce vocabulaire est issu du livre *Le temps des sucres*, Éditions GID, 2004, de l'ethnologue Jean-Claude Dupont, avec la permission de l'auteur.

SMOOTHIE À LA MANGUE, ÉRABLE ET TOFU

La première tire sur la neige, c'est un bonheur d'enfant qui se répète à chaque printemps pour la chef **Marie-Sophie Picard**, de l'**Auberge du Mange-Grenouille**, située au Bic dans le Bas-Saint-Laurent. Elle a beaucoup de plaisir à cuisiner avec les produits de l'érable, « un produit phare de la cuisine d'ici », précise-t-elle.

180 ml (3/4 tasse) de mangue en cubes fraîche ou surgelée
180 ml (3/4 tasse) de tofu mou
180 ml (3/4 tasse) de yogourt nature
125 ml (1/2 tasse) de lait de soya
2 c. à soupe de sirop d'érable
Au goût, 1 pincée de cardamome
ou de cannelle moulue (facultatif)

Dans un mélangeur, réunir les cubes de mangue, le tofu et le yogourt. Bien mélanger jusqu'à consistance lisse. Ajouter le reste des ingrédients et mélanger quelques minutes. Verser dans des verres bien froids.

SAVIEZ-VOUS QUE…

AU QUÉBEC L'ÉRABLE EST PRÉSENT PARTOUT DANS NOTRE ENVIRONNEMENT. EN EFFET ON DÉNOMBRE PLUS DE 250 *RUES DES ÉRABLES*, 68 *CHEMINS DES ÉRABLES*, 27 *AVENUES DES ÉRABLES* ET 14 *ROUTES DES ÉRABLES* ?

(SOURCE : COMMISSION DE LA TOPONYMIE, GOUV. DU QUÉBEC 2004 - WWW.TOPONYMIE.GOUV.QC.CA)

SMOOTHIE AUX BLEUETS ET À L'ÉRABLE

375 ml (1 1/2 tasse) de bleuets frais ou surgelés
250 ml (1 tasse) de yogourt nature
250 ml (1 tasse) de lait
60 ml (1/4 tasse) de sirop d'érable

Dans un mélangeur, déposer tous les ingrédients et mixer à grande vitesse. Ajouter quelques glaçons si vous utilisez des bleuets frais. Verser dans des verres bien froids.

CAFÉ LATTÉ À L'ÉRABLE

Selon la recommandation du sommelier **François Chartier**, auteur du livre *Papilles et Molécules*, « si vous mariez le sirop d'érable déjà riche en cyclotène et le café qui, lui, est pourvu de cyclotène d'éthyle, le café aura pour effet de donner de la présence et de l'ampleur aux saveurs du sirop d'érable ». Comment résister ?

250 ml (1 tasse) de lait 2 %
60 ml (1/4 tasse) de sirop d'érable
500 ml (2 tasses) de café chaud

Dans une casserole, chauffer le lait et le sirop d'érable à feu moyen, en remuant continuellement. Faire mousser.

Verser sur le café chaud.

TODDY DES NEIGES

Ethné, cette belle de Trinidad copropriétaire de la boutique **La Dépense** au Marché Jean-Talon, propose un réconfort avec ce grog tout en chaleur et en saveurs !

45 ml (1 1/2 oz) de rhum brun
45 ml (1 1/2 oz) de sirop d'érable foncé
1 c. à thé de beurre salé
Quelques gouttes de jus de lime
3 gouttes d'angustura (facultatif)
Une pincée de tonka ou muscade râpée
125 ml (1/2 tasse) d'eau bouillante

Verser tous les ingrédients dans une tasse. Bien mélanger jusqu'à ce que le beurre soit fondu.

Santé !

GIN TONIQUE

Gin tonique : Sympathique jeu de mots concocté par la mixologue **Michelle Marek** pour ce breuvage tonifiant. Clair, acidulé et rafraîchissant, c'est un choix parfait en tout temps de l'année, mais particulièrement pour la purge du printemps, à l'exemple des Amérindiens qui utilisaient la sève comme tonique printanier. Le citron et le piment servent de purifiant et dégagent les saveurs, ce qui permet d'atténuer le côté sucré de l'érable.

Dans un verre à gin tonic, verser :
45 ml (1 1/2 oz) de gin
30 ml (1 oz) de jus de citron
25 ml (3/4 oz) de sirop d'érable
2 pincées de piment de type Espelette

Allonger avec une eau pétillante. Ajouter des glaçons et garnir le verre d'une tranche de citron.

LA ROUTE DE L'ÉRABLE.ca

CENT CRÉATIFS DE L'ÉRABLE QUATRE SAISONS UNE ROUTE

PARCOUREZ LA ROUTE DE L'ÉRABLE !

De l'Abitibi-Témiscamingue aux Cantons-de-l'Est, de Charlevoix aux Îles de la Madeleine, en passant par le Bas-Saint-Laurent et la grande région de Montréal, la Route de l'érable révèle toute la magie des produits de l'érable aux quatre coins du Québec. Mousseux d'érable ou foie gras à la gelée d'érable d'un restaurateur qui ose, la Route de l'érable est belle et bonne à parcourir.

DÉCOUVREZ 100 ARTISANS INCONTOURNABLES

Méticuleusement choisis par la Fédération des producteurs acéricoles du Québec, les 100 Créatifs de l'érable figurent parmi nos plus grands chefs cuisiniers et artisans. Forts d'une créativité débordante, ils servent et font déguster l'érable dans leurs établissements, d'une façon savoureuse, nouvelle et imaginative. Laissez-vous séduire toute l'année durant !

NOS AMBASSADEURS À L'INTERNATIONAL

Vous croiserez les Créatifs sur la Route de l'érable aux quatre coins du Québec. Ailleurs, sur la planète gourmande, c'est en France et au Japon qu'ils œuvrent en faisant preuve d'une imagination débordante pour créer de nouvelles expériences en bouche.

Pour emprunter la Route de l'érable et découvrir aux quatre coins du Québec de nouvelles façons savoureuses et créatives de goûter l'érable, visitez le site www.laroutedelerable.ca.

LES ADRESSES DE NOS PARTENAIRES QUI ONT COLLABORÉ GÉNÉREUSEMENT À LA RÉALISATION DE CE LIVRE

CUIZIN
7070, avenue Henri-Julien, Marché Jean-Talon, Montréal (Québec) • Tél. : 514 273-9339 • www.cuizin.ca

LA DÉPENSE
7070 Henri-Julien, Marché Jean-Talon, Montréal (Québec) • 514 273-1118 • www.epicesdecru.com

LALOUX
250, avenue des Pins Est, Montréal (Québec) • Tél. : 514 287-9127 • www.laloux.com

PRINCE NOIR
7070 Henri-Julien, Marché Jean-Talon, Montréal (Québec) • Tél. : 514 906-1110

CRÉATIFS DE L'ÉRABLE

AUBERGE DES GLACIS
46, route de la Tortue, Saint-Eugène-de-l'Islet (Québec) • Tél. : 418 247-7486 • www.aubergedesglacis.com

AUBERGE DU MANGE-GRENOUILLE
148, rue Sainte-Cécile, Le Bic (Québec) • Tél. : 418 736-5656 • www.aubergedumangegrenouille.qc.ca

CHOCOLATS PRIVILÈGE INC.
7070 Henri-Julien, Marché Jean-Talon, Montréal (Québec) • Tél. : 514 276-7070 • www.chocolatsprivilege.com

CORNELLIER TRAITEUR
5354, boul. Saint-Laurent, Montréal (Québec) • Tél. : 514 272-8428 • www.cornelliertraiteur.com

ÉRABLIÈRE CHARBONNEAU
45, Chemin du Sous-Bois, Mont-Saint-Grégoire (Québec) • Tél. : 450 347-9090 • www.erablierecharbonneau.qc.ca

EUROPEA
1227, rue de la Montagne, Montréal (Québec) • Tél. : 514 398-9229 • www.europea.ca

HAVRE-AUX-GLACES
7070 Henri-Julien, Marché Jean-Talon, Montréal (Québec) • Tél. : 514 278-8696

MOUTON NOIR
43, rue Sainte-Anne, Baie-Saint-Paul, (Québec) • Tél. : 418 240-3030 • www.moutonnoirresto.com

BIBLIOGRAPHIE

BENOIT, Jehane, *Encyclopédie de la cuisine de Jehane Benoit*, Éditions Mirabel, 1991.

BOISVENUE, Lorraine, *Le guide de la cuisine traditionnelle québécoise*, Éditions Stanké, 1979.

CARRARINI, Rose, *Breakfast, Lunch & Tea*, Éditions Phaidon, 2007.

CHARTIER, François, *Papilles et Molécules, La science aromatique des aliments et des vins*, Éditions La Presse, 2009.

DEMERS, Patrice, *La carte des desserts*, Éditions de l'Homme, 2009.

DE VIENNE, Ethné et Philippe, *La cuisine et le goût des épices*, Éditions Trécarré, 2007.

DUPONT, Jean-Claude, *Le temps des sucres*, Éditions GID, 2004.

FERRER, Jérôme, *Le secret des sauces*, Éditions La Presse, 2008.

GLOUTNEZ, Germaine, *La cuisine québécoise*, Éditions Bert-Hold, 1979.

HUOT, Juliette, *Mes meilleures recettes aux pommes*, Éditions La Presse, 1972.

LAMBERT, Michel, *Histoire de la cuisine familiale du Québec*, Vol.1 *Ses origines autochtones et européennes*, Éditions GID, 2006.

Magazine *Châtelaine*, www.chatelaine.com.

Toutes les recettes sont conçues pour quatre personnes sauf indications contraires.

À l'exception de quelques recettes, particulièrement en pâtisserie, les mesures métriques sont inscrites en volume (litre) plutôt qu'en poids (gramme).

Les photos de cabane à sucre ont été prises à l'**Érablière Charbonneau** de Mont-Saint-Grégoire dont nous avons grandement apprécié l'accueil.

INDEX DES RECETTES

REMERCIEMENTS

Merci à Antoine Ross Trempe, le directeur éditorial des Éditions Cardinal, pour sa présence tout au long du projet, mais surtout pour avoir cru à cette possible et nouvelle collaboration.

Un merci particulier et sincère à la styliste culinaire Céline Comeau qui a testé sans relâche des dizaines de recettes afin de s'assurer que nous ne retiendrions que les meilleures.

Un merci à l'œil vigilant de Dominique Lafond qui a su admirablement tourner autour des plats sortant du four avec sa caméra magique.

Merci à mes amis du Marché Jean-Talon qui ont offert généreusement des recettes aux saveurs d'érable : Philippe et Ethné de Vienne, de la Dépense; Michel Boulais, de Prince Noir; Ludovic Fresse, de la chocolaterie Privilège; Robert et Richard Lachapelle, du Havre-aux-Glaces.

Merci à mon ami Donald, de CuiZin, qui a fourni les accessoires pour mettre en valeur les plats.

Un merci particulier à Julie et Marie-Neige d'être et d'avoir été les pivots de la Librairie Gourmande pendant cette période si prenante de la conception du livre.

Merci à Suzanne, ma sœur graphiste, qui est toujours là pour donner une image à mes projets et particulièrement à ce livre.

Merci à Gab, du Groupe Oracio Design, pour sa patience exemplaire.

Merci à mes enfants, Jeanne et Pierre-Louis, qui ont été des goûteurs de première instance et qui ont ce plaisir de bien manger qui m'honore.

Père et mère, je sais que vous m'avez à l'œil !

NOTES SUCRÉES